Derecho del Trabajo
y Formación

ADVERTENCIA

El uso de un lenguaje que no discrimine ni marque diferencias entre hombres y mujeres es una de las preocupaciones de nuestra Organización. Sin embargo, no hay acuerdo entre los lingüistas sobre la manera de cómo hacerlo en nuestro idioma.

En tal sentido y con el fin de evitar la sobrecarga gráfica que supondría utilizar en español o/a para marcar la existencia de ambos sexos, hemos optado por emplear el masculino genérico clásico, en el entendido de que todas las menciones en tal género representan siempre a hombres y mujeres.

En carátula:
Mapa del litoral oriental de América del Sur elaborado por Theodore de Bry. Siglo XVI. (Detalle).

Mario Garmendia Arigón

Derecho del Trabajo y Formación

Oficina Internacional del Trabajo

CINTERFOR

GARMENDIA ARIGÓN, M.
Derecho del trabajo y formación. Montevideo : CINTERFOR, 2003.
179 p. (Herramientas para la Transformación, 19)

Bibliografía: p.141-143
ISBN: 92-9088-155-0

/FORMACION PROFESIONAL/ /CONTRATO DE TRABAJO/ /AGENCIA DE EMPLEO PRIVADA/ /LEGISLACION DEL TRABAJO/ /DETERMINACION DEL SALARIO/ /PRESTACIONES POR DESEMPLEO/ /DESPIDO/ /DERECHO AL TRABAJO/ /NEGOCIACION COLECTIVA/ /SINDICATO/ /HORAS DE TRABAJO/ /JUVENTUD/ /URUGUAY/ /PUB CINTERFOR/

Las publicaciones de la OIT pueden obtenerse en las principales librerías o en oficinas locales de la OIT en muchos países o pidiéndolas a: Publicaciones de la OIT, Oficina Internacional del Trabajo, CH-1211 Ginebra 22, Suiza. También pueden solicitarse catálogos o listas de nuevas publicaciones a la dirección antes mencionada o por correo electrónico a: pubvente@ilo.org Sitio en la red: www.ilo.org/publns

El Centro Interamericano de Investigación y Documentación sobre Formación Profesional (Cinterfor/OIT) es un servicio técnico de la OIT, establecido en 1964 con el fin de impulsar y coordinar los esfuerzos de las instituciones y organismos dedicados a la formación profesional en la región.

Las publicaciones del Centro pueden obtenerse en las oficinas locales de la OIT en muchos países o solicitándolas a Cinterfor/OIT, Casilla de correo 1761, E-mail: dirmvd@cinterfor.org.uy, Fax: 902 1305, Montevideo, Uruguay.

Sitio en la red: www.cinterfor.org.uy

Impreso en la República Oriental del Uruguay

ÍNDICE

Capítulo III
La formación profesional en diversos tipos de contratos de trabajo

INTRODUCCIÓN

i. En la presentación a los lectores de un estudio anterior (Legislación comparada sobre formación profesional: una visión desde los convenios de la OIT. Montevideo: Cinterfor, 2000), aludíamos a las múltiples dimensiones de las que participa la temática de la formación profesional, así como a los abordajes diversos desde los que es posible encarar su análisis. Un somero repaso de los títulos de la amplia bibliografía especializada que Cinterfor/OIT pone a disposición de sus lectores, basta para tomar cabal conciencia sobre los innumerables enfoques disciplinarios que tolera este tema, así como para apreciar su capacidad de convocatoria a cultores provenientes de los más diversos ámbitos del conocimiento científico.

La perspectiva *jurídica* (de la que participan aquella obra y también la presente), constituye uno de los tantos perfiles de análisis que admite la formación profesional. Salvo destacadas y honrosas excepciones[1], tradicionalmente los juristas no habían demostrado mayor inclinación hacia el abordaje del tema, seguramente debido a que no se alcanzaba a apreciar con facilidad los puntos de contacto que el mismo mantiene con el *universo jurídico* del trabajo. Por otra parte, resulta poco frecuente que en la práctica profesional el abogado advierta las situaciones en las que están en juego cuestiones relacionadas con la formación profesional.

Sin embargo, los últimos tiempos han sido testigos de un notorio cambio de rumbo a este respecto, al punto que ya no resultan tan extrañas las reflexiones jurídicas en torno a la formación profesional. La crisis del desempleo ha determinado que la misma comenzara a adquirir una dimensión relevante como instrumento paliativo y si bien no es correcto atribuirle capacidad autosuficiente para combatir este flagelo social, su consideración ya no puede omitirse en ninguna política que pretenda ser eficaz en la materia. También influyen en el ánimo de los juristas las corrientes que, revalorizando la jerarquía y eficacia superlativa de los derechos humanos, ubican a la formación profesional dentro del elenco de los

1 Deben destacarse los esfuerzos científicos canalizados a través de Cinterfor/OIT que cuenta desde hace más de dos décadas con aportes de prominentes *juslaboralistas* como Américo Plá Rodríguez y, en particular Héctor-Hugo Barbagelata. Los estudios que este último autor ha destinado a la formación profesional no solamente resaltan por su profundidad y minuciosidad, sino también por su abundancia. Más recientemente se han sumado los aportes de Oscar Ermida, Jorge Rosenbaum, Hugo Barretto, Humberto Henderson y otros.

mismos, sea por su vertiente derivada del derecho a la educación, sea por la que se desprende de los derechos vinculados con el trabajo.

ii. Pero a pesar de esta suerte de *redescubrimiento jurídico* de la formación profesional, en el ánimo del estudioso del derecho aún persiste la sensación de que se trata de una temática poco relevante desde el punto de vista práctico.

En este sentido, se parte del supuesto que la práctica forense cotidiana no presenta situaciones en las que esté involucrada la cuestión de la formación profesional y por este motivo, tiende a menospreciarse la trascendencia de la misma.

Si bien su tratamiento está previsto en los programas de Derecho del Trabajo y de la Seguridad Social que se dictan en nuestra Facultad, su abordaje no suele superar el plano de una somera presentación teórica y, seguramente cuenta con el nada envidiable privilegio de ocupar uno de los primeros lugares entre los temas que los docentes relegan para las últimas clases del curso, aquellos que sólo son desarrollados cuando todos los demás (es decir, los considerados *verdaderamente importantes*) han sido suficientemente analizados. Por todo esto, no es difícil imaginar el gesto de asombro de un estudiante si el examinador le plantea una pregunta sobre formación profesional y mucho menos las íntimas imprecaciones que le destinará una vez que tome conciencia de que no está siendo objeto de una broma de mal gusto.

iii. La presente obra pretende demostrar el desacierto que se encierra en esta suerte de infravaloración de la importancia práctica de la formación profesional y cómo, en realidad la temática exhibe sesgos verdaderamente trascendentes desde el punto de vista jurídico-práctico. En su origen estaba destinada a constituir la Tercera Parte del estudio sobre *Derecho de la formación profesional en Uruguay*, pero el texto elaborado resultó extenso para la dimensión que se pensaba dar al total de la obra. Por esa razón, se planteó elaborar una versión resumida -que es la que actualmente forma parte de aquella obra, de la cual son coautores Hugo Barretto Ghione y Octavio Carlos Racciatti- y, concomitantemente publicar el texto primigenio como libro independiente, que es el que el lector tiene ahora en sus manos.

En una estructura dividida en tres partes, se analizan los múltiples puntos de contacto entre la formación profesional -concebida como un derecho subjetivo del trabajador- y el Derecho del Trabajo, tanto en el plano individual como colectivo.

La primera parte presenta algunas generalidades de la formación profesional en el marco del Derecho positivo laboral uruguayo, haciendo referencia a la influencia que los rasgos generales de este último provocan en la primera y resaltando la particular importancia que poseen los principios de la formación profesional (de adecuación a la realidad, de integralidad, de antropocentrismo, de igualdad y de participación).

La segunda parte, es la más extensa de toda la obra, pues se erige en el núcleo central de todos los desarrollos. En los siete capítulos que la componen, se pasa revista detallada a la incidencia que la formación profesional provoca en los diversos institutos que se derivan de la relación de trabajo.

El primero de ellos está destinado al estudio de la etapa pre-contractual, pretendiendo provocar las reflexiones sobre el período previo al perfeccionamiento del contrato de trabajo, al que habitualmente la doctrina no presta mayores atenciones.

El segundo capítulo de esta segunda parte de la obra, refiere a la formación profesional en los diversos tipos de contratos de trabajo: contrato de trabajo a prueba, contrato de aprendizaje tradicional, contratos previstos en la ley de "Empleo Juvenil" (N° 16.873) y ley de "Pasantías " (N° 17.230).

Seguidamente, se analiza el impacto que tiene la formación profesional en cuanto provocadora de obligaciones en el marco del contrato de trabajo. En tal sentido, se exponen algunas ideas acerca de las obligaciones patronales (directas e indirectas, de hacer y de no hacer) que surgen como consecuencia de la formación profesional que posee o que habrá de adquirir su dependiente. También se analiza si existe una obligación a cargo del trabajador de formarse profesionalmente y qué responsabilidades y deberes pueden exigirse a un dependiente que ha recibido formación profesional de parte de su empleador. En particular, se aborda la cuestión de si esta circunstancia genera el surgimiento de una obligación de permanencia en la empresa.

Los siguientes tres capítulos se dedican a las relaciones que existen entre la formación profesional y la determinación del salario y la categoría laboral (Capítulo V), el tiempo de trabajo (Capítulo VI) y el instituto del *jus variandi* (Capítulo VII).

La segunda parte se cierra con el capítulo en el que se analiza el vínculo entre formación profesional y el despido (facultad de despedir del empleador, despido indirecto y formación profesional y notoria mala conducta) y formación profesional y seguro de desempleo.

La tercera parte aborda el análisis de las relaciones entre la formación profesional y el Derecho Colectivo del Trabajo, en especial, formación profesional y sindicatos, formación profesional y negociación colectiva y formación profesional y participación.

iv. Por último, una vez más el autor siente le necesidad de expresar su gratitud a Cinterfor/OIT, particularmente a Pedro Daniel Weinberg, quien siempre se muestra dispuesto a otorgarle facilidades y espacios generosos para sus desarrollos. También desea reservar una especial mención para Oscar Ermida Uriarte, en quien reconoce el raro don de saber conjugar con toda naturalidad dos virtudes que no siempre suelen frecuentarse: el ejercicio de su elevado rol de maestro y el ofrecimiento llano de su sincera amistad.

Primera Parte

EL DERECHO DE LA FORMACIÓN PROFESIONAL

Capítulo I

El derecho de la formación profesional

1. Consideraciones preliminares La incidencia de algunas características del Derecho Laboral uruguayo

1. Si bien resulta posible afirmar la existencia de un *derecho subjetivo* del trabajador a la formación profesional[2], también es menester referir a la existencia de un **Derecho de la formación profesional**, en este caso, empleando el término "*Derecho*" en su sentido objetivo.

Este *Derecho de la formación profesional* se encuentra estrechamente vinculado con la noción y la ejecución del contrato de trabajo, instrumento que le sirve de base y a partir del cual se desarrolla en toda su potencialidad. Así lo dejan de manifiesto los diversos autores que han abordado el tema, quienes, sea a partir del análisis de textos de derecho positivo que explicitan y establecen los términos de dicho relacionamiento[3], o aun edificando construcciones doctrinarias en ausencia de los mismos[4], expresan la inextricable unión que existe entre la formación profesional y el contrato de trabajo, o -en todo caso- la relación de trabajo.

2. Una serie de consideraciones preliminares deben realizarse cuando se trata de detectar los trazos que deja traslucir la formación profesional en el Derecho del trabajo uruguayo.

Algunas de dichas consideraciones tienen relación con ciertas características generales del Derecho laboral de este país, que deben ser tenidas en cuenta por el analista, pues necesariamente impactan en cualquier estudio que pretenda de-

2 Barretto Ghione, Hugo, La obligación de forma a cargo del empleador. Una relectura del derecho del trabajo en clave de formación, FCU, Mdeo., 2001.

3 Como sucede en el caso de España, donde el Estatuto de los Trabajadores refiere explícitamente a la formación profesional y a su vinculación con el contrato de trabajo. Cfe. Mirón Hernández, Ma. del Mar, El derecho a la formación profesional del trabajador, CES, Colección Estudios, Madrid, 2000 y Valdés de la Vega, Berta, La profesionalidad del trabajador en el contrato laboral, Ed. Trotta, Madrid, 1997.

4 Barbagelata, Héctor-Hugo, Derecho del Trabajo, 2ª ed. actualizada, T. I, vol. 2, FCU, Mdeo., 1999, p. 174, Barretto Ghione, Hugo, op. cit.

terminar la forma en que un instituto (en este caso, la formación profesional) interactúa con los diferentes ámbitos y aspectos de la disciplina.

Dentro de estas características generales merece señalarse, por ejemplo, el muy marcado fragmentarismo y dispersión que resulta propio al Derecho positivo laboral uruguayo, donde no existe un *corpus* jurídico que lo sistematice y le otorgue cohesión.[5] Esto determina que, contrariamente a lo que acontece en otros casos de derecho comparado -donde existen códigos u otros instrumentos jurídicos similares, tales como consolidaciones de leyes, estatutos, leyes con vocación sistematizadora, etc.- el intérprete que desee analizar un instituto a través de sus manifestaciones en los diversos ámbitos del derecho laboral uruguayo, carece de la facilidad de ver restringida su tarea al estudio de una herramienta única y ordenada y, en cambio, se ve constreñido a ir *saltando de norma en norma* y a afrontar los riesgos de errores u omisiones que esta tarea -seguramente ingrata- le acarreará.

3. Por otra parte, y casi como un corolario de la constatación anterior, debe señalarse que el Derecho laboral uruguayo carece de referencias conceptuales al contrato individual de trabajo.[6] En este caso ni siquiera es posible hablar de asistematicidad, sino que simplemente se trata de una total inexistencia de normas.

En tal sentido, si bien existen normas que regulan -siempre de manera asistemática, concreta y específica- diversos institutos relativos a la relación individual de trabajo (jornada de trabajo, horas extras, descansos, licencias, salario vacacional, aguinaldo, indemnización por despido, etc.), en cambio no existe ninguna referencia normativa a la *noción* de contrato de trabajo.[7]

4. Las dos características anotadas influyen decisivamente en otro de los rasgos típicos que merecen ser mencionados a los efectos del presente estudio: el amplio margen de actuación que en el derecho del trabajo uruguayo existe para las interpretaciones doctrinarias y jurisprudenciales.[8]

Muy buena parte de los institutos de la disciplina dependen, en sus características y hasta en su propia concepción o existencia, de la elaboración doctrinaria y de su acogimiento jurisprudencial. Es la elaboración de la doctrina la que le ha dado a esta disciplina jurídica la cohesión, el método y hasta la autonomía, que

5 Cfe. Plá Rodríguez, Américo, Curso de Derecho Laboral, T. I, vol. 1, Ed. Acali, Mdeo., 1979, p. 23, Barbagelata, H-H, El Particularismo del Derecho del Trabajo, FCU, Mdeo., 1995, p. 21 y ss.

6 Cfe. Barbagelata, H-H, Derecho del Trabajo, T. I, vol. 2, p. 161, nota 3.

7 Idem. El autor citado resalta que "En el derecho uruguayo es excepcional que se mencione el contrato de trabajo y no existe una reglamentación legal de esta figura. Por la vía indirecta de la ratificación de convenios internacionales, sin embargo, hay reglamentaciones de algunas formas especiales (v. gr. : C. N° 22, gente de mar, o C. N° 114, pescadores).

8 Barbagelata, H-H, El particularismo..., cit., p. 27-29.

difícilmente habría alcanzado si estos elementos dependieran exclusivamente de desarrollos provenientes del Derecho positivo.

Por otra parte, también a partir de esta circunstancia se advierte que muchos de los institutos que conforman el Derecho del trabajo uruguayo resultan objeto de una variabilidad superior a la que puede detectarse en otras materias, puesto que, con gran frecuencia, aquéllos carecen de la rigidez que les otorgaría una definición o una referencia proveniente de la norma positiva.

Para finalizar el repaso de las características generales del Derecho del trabajo uruguayo que impactan en un estudio como el que aquí se desarrollará, es preciso señalar, también, la inexistencia *casi* absoluta de normas heterónomas sobre derecho colectivo. Esta anomia en la materia, ha distinguido al país en el Derecho comparado en general y muy especialmente en el contexto de América latina, fuertemente impregnado por la tendencia contraria.

2. La formación profesional en el Derecho positivo uruguayo

5. Pero también es preciso realizar algunas otras consideraciones preliminares, más específicamente enfocadas al tema de la formación profesional. En este sentido, en Uruguay resulta notoria la ausencia -o al menos la escasez manifiesta- de normas de Derecho positivo que hagan referencia a la formación profesional.

La creación en 1992, de la Dirección Nacional de Empleo (DINAE) y la Junta Nacional de Empleo (JUNAE) -ambas dentro de la órbita del Ministerio de Trabajo y Seguridad Social[9]- así como el respaldo financiero que significa el Fondo de Reconversión Laboral, parecieron darle una renovada dinámica al abordaje de la formación profesional. La JUNAE promovió un mayor involucramiento de los actores sociales en la temática formativa, circunstancia que alentaba que las políticas y programas a emprenderse en la materia, tuvieran una mayor relación con la realidad nacional.

Sin embargo, transcurridos diez años de promulgadas las normas que crearon los mencionados organismos, es posible percibir un enlentecimiento, o hasta un estancamiento en el desarrollo de políticas y programas de formación profesional en el Uruguay.

6. Mucho más notoria es la ausencia de normas de Derecho positivo que planteen la vinculación entre formación profesional y la relación individual de trabajo o su desarrollo dinámico.

9 Ley Nº 16.320 del 1º de noviembre de 1992, con las modificaciones introducidas por la Ley Nº 16.736.

En este caso, como habrá de señalarse en los párrafos siguientes, más allá de algunas excepciones claramente identificables (relacionadas en general con la presencia de tipos contractuales que pretenden fomentar experiencias laborales de tenor formativo), el Derecho laboral uruguayo carece de normas que aludan a la formación profesional y a su incidencia en el *iter* configurativo o en el proceso de desenvolvimiento de la relación de trabajo.[10]

3. Importancia de los principios de la formación profesional

7. Esta pobreza de normas explícitas que en las cuestiones relativas a la formación profesional caracteriza al Derecho positivo uruguayo, realza la vigencia y trascendencia de determinados principios rectores de la formación profesional, que constituyen la esencia de las más relevantes normas internacionales sobre la materia y que, en coordinación con los principios propios del Derecho del trabajo,[11] se presentan como bases fundamentales a tener en cuenta en cualquier abordaje de la temática.

En este sentido, debe tenerse presente que la formación profesional ha sido objeto de particular preocupación para la OIT desde su propia creación.[12] Así, el Preámbulo de la Constitución de dicha Organización, al exponer el programa a cuya realización debe abocarse la entidad, incluye la "organización de la enseñanza profesional y técnica" como una de las principales medidas tendientes a mejorar las condiciones de trabajo.

En sentido similar, la Declaración de Filadelfia, declaró la "obligación solemne de la OIT de fomentar, entre todas las naciones del mundo, programas que permitan lograr el pleno empleo y la elevación del nivel de vida, emplear trabajadores en ocupaciones en que puedan tener la satisfacción de utilizar en la mejor forma posible sus habilidades y conocimientos y de contribuir al máximo al bienestar común" y "conceder como medio para lograr este fin y con garantías adecuadas para todos los interesados, oportunidades de formación profesional y medios para el traslado de trabajadores".

Desde 1921, diversas normas internacionales -convenios y recomendaciones- abordaron frecuentemente la temática, vinculándola inicialmente con deter-

10 Significativamente, al postular la existencia de la obligación del empleador de proporcionar y facilitar la formación permanente del trabajador, Barbagelata recurre al fundamento de normas internacionales: la Declaración Universal de los Derechos Humanos, el Pacto Internacional de Derechos Económicos, Sociales y Culturales y el Protocolo de San Salvador. Derecho del Trabajo, cit., p. 174. A estas referencias hoy debería sumarse la Declaración Sociolaboral del Mercosur, que en su artículo 16 reconoce el derecho a la formación profesional.

11 Plá Rodríguez, Américo, Los principios del Derecho del trabajo, 3ª edición, Depalma, Bs. As., 1998.

12 Barbagelata, H-H, "La formación profesional en los instrumentos constitutivos de la Organización Internacional del Trabajo y en el sistema de las normas internacionales del trabajo", in rev. Derecho Laboral, t. XXXVII, N° 173-174, Mdeo., 1994, p. 14 y ss.

minadas actividades o sectores (agricultura, construcción, transportes marítimos, pesca), para luego comenzar a desarrollarla con un carácter más amplio, formulando principios y métodos aplicables en forma general al conjunto de las actividades de formación profesional.[13] En especial merece destacarse la Recomendación sobre Formación Profesional (N° 117),[14] pues con ella se marca un cambio de rumbo con relación a la forma en que hasta ese momento se visualizaban las funciones y objetivos de la formación profesional: de instrumento equilibrador del mercado de trabajo pasó a constituirse en factor principal del desarrollo económico y social, herramienta para la continua superación del individuo y elemento fundamental para la consecución del objetivo de la justicia social.[15]

8. Pero en particular, los principios aludidos se derivan del convenio internacional sobre la orientación profesional y la formación profesional en el desarrollo de los recursos humanos (CIT N° 142)[16] y a su complemento, la Recomendación N° 150.[17]

A pesar de que hasta la fecha Uruguay no ha ratificado el convenio internacional N° 142 y que en consecuencia, formalmente sus disposiciones no son obligatoriamente aplicables a este país, es importante destacar que resulta posible sostener que los contenidos del mismo ingresan al ordenamiento jurídico interno a través del mecanismo que establecen los artículos 72 y 332 de la Constitución de la República, en tanto refieren a temáticas inherentes a la personalidad humana y proveen soluciones inspiradas en las doctrinas generalmente admitidas en lo relativo a la formación profesional.[18]

13 BIT, Desarrollo de los recursos humanos. Orientación y formación profesionales, licencia pagada de estudios. Conferencia Internacional del Trabajo, 78ª reunión, 1991, Ginebra, p. 3 y 4.

14 Adoptada por la Conferencia General en 1962.

15 BIT, Desarrollo de los recursos humanos, cit., p. 3 y 4.

16 Adoptado en la 60ª sesión de la Conferencia General de la OIT, el 23 de junio de 1975 y cuya vigencia comenzara el 19 de julio de 1977, es decir, doce meses después de que el Director General de la Oficina recibiera el registro de la segunda ratificación, la que correspondió a Suecia (19.07.1976), en tanto que la primera correspondió a Hungría (17.06.1976).

17 Aprobada en la misma sesión de la Conferencia General de la OIT.

18 El artículo 72 cierra la Sección II de la Constitución y enuncia que la enumeración de derechos, deberes y garantías que se incluye explícitamente en la misma, posee carácter no taxativo y por este motivo, no excluye a otros que puedan considerarse inherentes a la personalidad humana o derivados de la forma republicana de gobierno. La circunstancia de que ciertos "bienes jurídicos" resulten inherentes a la personalidad humana o se deriven de la forma republicana de gobierno, determina un reconocimiento jurídico-constitucional automático, que los hace objeto de tutela privilegiada, independientemente de su explicitación normativa. El artículo 332 -el último de la Constitución- que establece que los bienes jurídicos que reconoce la Carta (sea explícitamente, a través de su enunciado expreso, o implícitamente, a través del mecanismo del artículo 72) son en todos los casos autoejecutables, y por tal motivo, no deben aguardar la reglamentación para ser considerados como objetos de tutela jurídica. En estos casos, la ausencia de reglamentación debe suplirse "...recurriendo a los fundamentos de leyes análogas, a los principios generales de derecho y a las doctrinas generalmente admitidas". Sobre el punto, más extensamente, Garmendia Arigón, Mario, Orden público y Derecho del Trabajo, FCU, Mdeo., 2001, p. 46 y ss., Ermida Uriarte, O., Derechos laborales y comercio internacional, Ponencia al V Congreso Regional Americano de Derecho del Trabajo y de la Seguridad Social, Lima, 16-19 de setiembre de 2001.

Según se ha señalado,[19] del análisis del convenio Nº 142 y de la recomendación N° 150 pueden extraerse siete principios que echan las bases de lo que en el criterio de la OIT debería ser el desarrollo de los recursos humanos. Los mismos son los siguientes:

a) el principio de adecuación a la realidad;
b) el principio de integralidad;
c) el principio de antropocentrismo;
d) el principio de instrumentalidad;
e) el principio de universalización gradual;
f) el principio de igualdad; y
g) el principio de participación.

A los efectos del presente análisis resultan aplicables seis de los principios enunciados: el principio de adecuación a la realidad (especialmente -pero no exclusivamente- en lo relativo a su vertiente particular, es decir, la formación específica que recibe el individuo), el principio de integralidad, el principio de antropocentrismo, el principio de instrumentalidad, el principio de igualdad y el principio de participación.

3.1. *Principio de adecuación a la realidad*

9. Este principio tiene dos vertientes: por una parte, una de sentido general, relativa a la generación y aplicación de las políticas y programas de orientación y formación profesional, actividades en las que deben tenerse en cuenta las necesidades, posibilidades y problemas de empleo, el nivel de desarrollo económico, social y cultural y la vinculación existente entre el desarrollo de los recursos humanos y otros objetivos económicos sociales y culturales[20] y en las que habrán de escogerse métodos adaptados a las condiciones nacionales.[21]

Por otra parte, se evidencia una segunda vertiente de carácter particular o concreto, relativa a la formación específica que debe recibir el individuo, la que debe mantener un permanente y constante vínculo con el mundo real y vivo del trabajo. Esto implica que resulte imprescindible que la formación recibida en el ámbito escolar o académico se complemente con una adecuada experiencia práctica en el seno de la empresa,[22] debidamente planificada por el organismo competente, en cuanto a sus procedimientos, métodos, objetivos y evaluaciones o certificaciones.[23]

19 Garmendia Arigón, Mario, Legislación comparada sobre formación profesional: una visión desde los convenios de la OIT, Mdeo.: Cinterfor, 2000.
20 Convenio N° 142: artículo 1, numeral 2, literales a, b y c).
21 Convenio N° 142: artículo 1, numeral 3.
22 Recomendación N° 150: párrafo 22.
23 Recomendación N° 150: párrafo 24.

En este segundo sentido, este principio se relaciona con el principio de instrumentalidad.

10. A partir de este principio, se infiere la necesidad de que exista una estrecha y dinámica vinculación entre la formación profesional y la relación de trabajo. Un sistema formativo que se desarrolle de espaldas al universo del trabajo real -en cuyo eje se ubica, precisamente, la relación de trabajo- representa un desconocimiento de este principio y seguramente terminaría por constituirse en una estructura vacua y condenada al fracaso a raíz de su carencia de lazos con el ambiente productivo.

3.2. Principio de integralidad

11. El desarrollo de los recursos humanos debe partir de políticas y programas "completos y coordinados" [24] que conciban al sistema de enseñanza como un todo integrado y abarcativo tanto de la formación escolar, como de la desarrollada en el ámbito de la empresa. Esto permite obtener la racionalización de los recursos, evitando costosas y contraproducentes superposiciones de competencias.

De este modo, un ordenamiento jurídico carente de normas encaminadas a fomentar la existencia de una estrecha relación entre el universo académico y el universo de la empresa, desaprovecha la posibilidad de establecer coordinaciones útiles y mutuamente enriquecedoras.

3.3. Principio de antropocentrismo

12. El individuo humano es el centro fundamental de todo el sistema formativo y por este motivo, todas las actividades relativas a la formación y orientación profesional deben fijarse como meta principal que la persona alcance a comprender su medio social en general y su medio de trabajo en particular, y esté en condiciones de incidir en éstos, tanto individual como colectivamente.[25]

Al respecto, es particularmente gráfica la descripción que del sentido de la expresión "*profesional*" brinda la Recomendación N° 150,[26] al expresar que el mismo implica la finalidad de "...descubrir y desarrollar las aptitudes humanas para una vida activa productiva y satisfactoria y, en unión con las diferentes formas de educación, mejorar las aptitudes individuales para comprender individual o

24 Convenio N° 142: artículo 1, numeral 1.
25 Convenio N° 142: artículo 1, numeral 4.
26 Párrafo 1, numeral 1.

colectivamente cuanto concierne a las condiciones de trabajo y al medio social, e influir sobre ellos".

De este modo, la finalidad básica del desarrollo de los recursos humanos consiste en el crecimiento integral del individuo y se erige en factor indispensable para la conformación de una personalidad verdaderamente libre y potencialmente autodeterminable.

Los abordajes de la temática de la formación profesional en ningún caso deben iniciarse a partir de la premisa de pretender alcanzar por intermedio de este instrumento, una suerte de adiestramiento del individuo, de modo que éste termine por convertirse en una mera *"pieza útil"* del engranaje productivo. Por el contrario, los análisis relativos a la formación profesional siempre habrán de tener presente la atención primordial de la necesidad de alcanzar o facilitar un desarrollo cabal de la persona en cuanto tal.

Además, esto necesariamente supone la búsqueda de la consagración de un equilibrio entre el interés personal del individuo, que naturalmente puede estar primordialmente inclinado al deseo de desarrollo integral, y el interés general de la sociedad en contar con individuos preparados para cumplir con las finalidades colectivas.[27]

13. También posee trascendencia a los efectos del presente estudio, el énfasis que en particular desde el texto de la Recomendación N° 150 se realiza en el sentido de la necesidad de "ofrecer a todos los trabajadores posibilidades efectivas de reincorporación al sistema educativo, a un nivel que corresponda a su experiencia práctica en la vida profesional"[28] extremo que se relaciona también con el principio de "integralidad" y las exigencias de flexibilidad y complementariedad de las políticas educativas.

3.4. Principio de instrumentalidad

14. Este principio resalta la estrecha relación que existe entre la formación profesional y el empleo. En este sentido, las necesidades, posibilidades y problemas en materia de empleo deben ser tenidas especialmente en consideración al momento de establecer las políticas y programas relativos a la formación profesional.

27 En particular, es interesante reseñar el párrafo 4, numeral 6), literal f) de la Recomendación N° 150, en el que desarrolla como uno de los objetivos de las políticas y programas relativas a la orientación y formación profesional: el "asistir a los trabajadores en su búsqueda de satisfacción en el trabajo, de expresión y desarrollo de su personalidad y de mejoramiento de su condición general por el propio esfuerzo, con miras a mejorar la calidad o modificar la naturaleza de su contribución profesional a la economía".

28 Párrafo 5, numeral 2, literal g.

Los sistemas de formación deben constituirse en instrumentos eficaces para brindar al individuo la posibilidad de acceder y mantener un empleo, facilitarle una adecuada inserción en el mercado de trabajo y mediante su ubicación en el mismo, encontrar un camino hacia la satisfacción personal así como hacia la contribución útil para la sociedad.

Nuevamente en este caso queda de manifiesto la fluida comunicación e interrelación que debe existir entre el mundo de la formación profesional y el mundo real del trabajo.

3.5. *Principio de igualdad*

15. Este principio fundamental adquiere múltiples proyecciones cuando se analiza desde la perspectiva de la vinculación existente entre la formación profesional y la relación de trabajo.

Al respecto, debe tenerse en cuenta, en primer lugar, que toda persona tiene derecho a acceder en pie de igualdad y sin discriminación alguna, a la formación profesional que le permita desarrollarse en el plano individual y colectivo, en los términos que se desprenden de los principios que vienen desarrollándose.[29] Sin duda, este extremo habrá de influir decisivamente en muchas de las soluciones que se alcancen en la dinámica del vínculo laboral.

Además, el correcto desarrollo del principio de igualdad en esta materia, supone la necesidad de brindar tratamientos especiales para contemplar a determinadas categorías particulares de personas o sectores de la actividad económica.[30]

29 Convenio N° 142: artículo 1, numeral 5.

30 Es por este motivo que, por ejemplo, el párrafo 7 de la Recomendación N° 150 refiere a "...programas especiales para minusválidos" en materia de orientación profesional; el párrafo 8, literal e), fomenta la difusión de "... la contribución que aportan o pueden aportar al desarrollo general y a la expansión del empleo los diversos sectores de la economía y ramas de actividad económica, sin olvidar aquellos que gozan tradicionalmente de poco prestigio"; el párrafo 9, literal b), contempla a los niños y jóvenes que nunca hayan asistido a la escuela, o que la hayan dejado prematuramente, en tanto que en el literal e) del mismo párrafo refiere a la necesidad de asistir a las personas que tengan problemas especiales en relación con la enseñanza, etc. La recomendación destina el capítulo VI a los "Programas para determinadas zonas o ramas de la actividad económica", donde se atienden especialmente a las zonas rurales, ramas de actividad económica que utilicen técnicas y métodos de trabajo anticuados, industrias y empresas en decadencia, o en trance de reconversión, nuevas industrias. El capítulo VII de la recomendación refiere a los "Grupos especiales de población" (en los que se incluyen a personas que nunca han asistido a la escuela o que la han dejado prematuramente, trabajadores de edad, miembros de minorías lingüísticas o de otra índole y minusválidos físicos o mentales), respecto de los cuales sugiere que deberían adoptarse medidas adecuadas para asegurarles "...igualdad de oportunidades en el empleo y puedan integrarse más fácilmente en la sociedad y la economía". Finalmente, los capítulos VIII y IX, están respectivamente destinados a la "Promoción de la igualdad de oportunidades entre mujeres y hombres" y a los "Trabajadores migrantes", indicándose en este último caso, la finalidad de que mediante una orientación y formación profesional eficaz, éstos puedan beneficiarse de la iguladad de oportunidades en el empleo (párrafo 57).

16. Pero por otra parte, también el principio de igualdad adquiere otra dimensión, de trascendental importancia en esta materia, en la medida que la formación profesional -así como la consecuente cualificación adquirida en virtud de su desarrollo por el trabajador- puede constituirse claramente en un *criterio lícito de distinción* entre diversos trabajadores y se presenta como un parámetro comparativo fundamental, por su objetividad, al momento de adoptar soluciones en diferentes momentos del desarrollo de la relación de trabajo.

Es evidente que la consagración y la vigencia efectiva del principio de igualdad no necesariamente resulta contradictoria respecto de la posibilidad de existencia de tratamientos desiguales entre las personas. En todo caso, lo que sí proscribe este principio es el tratamiento *discriminatorio*, es decir, la posibilidad de establecer diferenciaciones entre las personas sobre la base de pautas o criterios no aceptables, intolerables y, en definitiva, ilícitos.

De este modo, no es jurídicamente disvalioso el establecimiento de distinciones entre personas o grupos, si éstas están fundadas en razones lícitas y objetivamente demostrables. El artículo 8 de la Constitución de la República, consagrando esta máxima dispone "Todas las personas son iguales ante la Ley, no reconociéndose otra distinción entre ellas, sino la de los talentos o las virtudes". El principio de igualdad, que representa uno de los valores fundamentales del estado de derecho, no necesariamente implica tratamiento igualitario para todas las personas con abstracción de cualquier elemento diferenciador de relevancia jurídica (como pueden serlo los talentos y las virtudes a las que alude el citado texto constitucional).

La exigencia formal de igualdad no excluye la posibilidad de diferenciar entre personas que se hallan en circunstancias diferentes, siendo requisito de dicha eventual diferenciación, que la misma encuentre fundamento en criterios jurídicamente relevantes, es decir, que las personas efectivamente pertenezcan a clases diferentes.[31]

Obsérvese que a la luz de lo expresado y por lo que habrá de desarrollarse en los siguientes párrafos, la formación profesional, adquirida o en tránsito de adquisición por parte de un trabajador, se presenta como un factor fundamental a tener en cuenta a los efectos de arribar a ciertas soluciones en el desarrollo del vínculo laboral.

3.6 Principio de participación

17. Este principio fomenta la participación de todos los actores sociales en los procesos relativos a la formación profesional, intentando evitar la imposición

31 Garmendia, M., "El principio de igualdad aplicado a la materia salarial", in Temas Prácticos de Derecho Laboral 2, FCU, 2001, p. 95 y ss.

unilateral de sistemas o iniciativas, que más allá de sus virtudes o defectos, pueden resultar incapaces para generar el grado suficiente de compromiso como para convertirse en eficaces y alcanzar así un aceptable nivel de aplicación práctica.

Dado que el principio guarda una cierta relación con el tema de las fuentes de financiación de la formación profesional, el párrafo 4, numeral 5 de la Recomendación N° 150, menciona elípticamente una invitación a "...las empresas a aceptar la responsabilidad de formar a sus trabajadores", atribuyéndole así a este actor, una suerte de deber al respecto. La conceptualización contenida en esta disposición se torna un poco más contundente a la luz de lo señalado en el párrafo 22, numeral 1, donde se insiste en que "Las empresas deberían, en consulta con los representantes de los trabajadores, los interesados y las personas responsables de su trabajo, establecer planes de perfeccionamiento para su personal..."

18. Expuestas las bases conceptuales fundamentales que habrán de guiar buena parte de los razonamientos a realizarse, seguidamente se desarrollarán los puntos de contacto que se advierten entre la formación profesional y el contrato individual de trabajo.

Segunda Parte

FORMACIÓN PROFESIONAL Y CONTRATO DE TRABAJO

Presentación

19. En esta segunda parte se expondrán los diversos puntos de contacto que existen entre la formación profesional y la relación de trabajo. A tales efectos, habrá de delinearse el *iter* que desarrolla dicha relación, desde el momento previo a su perfeccionamiento (período pre-contractual), pasando por las diferentes instancias de su vida, hasta llegar al momento de su extinción.

Capítulo II

La formación profesional en la etapa pre-contractual

20. El período pre-contractual es aquel que precede al momento del perfeccionamiento del contrato de trabajo y su existencia -más o menos prolongada, según cada situación particular- se caracteriza, en esencia, por el hecho de que los actos que tienen lugar dentro de la misma carecen de valor vinculante entre las partes.[32] Se trata de una etapa de formación, en la que predomina la incertidumbre en cuanto a su resultado final, el que podrá consistir en el acuerdo de voluntades o culminar de manera más o menos abrupta, en caso de que alguno de los sujetos que desarrolla las tratativas, opte por abandonarlas antes de que se alcance dicha instancia.[33]

No es frecuente que los autores laboralistas dediquen mayores desarrollos al análisis de la etapa previa al perfeccionamiento del contrato de trabajo. En general, quienes se abocan al estudio de este tema tienden a ubicarlo conceptualmente en capítulos diferentes del destinado al desarrollo de la noción del contrato de trabajo, pues lo asocian a los ámbitos propios de la seguridad social, en la medida que se vincula con cuestiones relativas a la desocupación y su combate.[34]

Sin embargo, siguiendo lo postulado por Plá Rodríguez,[35] debe resaltarse la importancia de este momento previo, de preparación del futuro contrato de trabajo.

21. Contrariamente a lo que puede suceder con otros contratos, en los que es factible que acontezca lo que la doctrina civilista ha denominado la *"formación instantánea"*,[36] en el contrato de trabajo -salvo casos cada vez más excepcionales- la existencia de una etapa pre-contractual, más o menos prolongada, resulta prác-

32 Gamarra, Jorge, Tratado de Derecho Civil Uruguayo, T. XI, FCU, Mdeo., 1979, p. 12. Según el autor, este carácter se deriva del artículo 1265 del Código Civil, que habilita la potestad de revocación tanto de la propuesta como de la aceptación y del artículo 1264 del mismo cuerpo normativo, que respecto de los contratos solemnes, establece el carácter no vinculante de la actividad preparatoria. Op. cit., p. 16.

33 Idem.

34 Plá Rodríguez, Américo, Curso de Derecho Laboral, cit., p. 91.

35 Idem, p. 91-92.

36 Gamarra, J., Tratado..., T. XI, cit., p. 12.

ticamente imprescindible. Ello es el corolario natural del carácter personalísimo que asume la prestación a la que se obliga el trabajador y el consecuente interés del empleador por conocer los rasgos personales y aptitudes de quien habrá de contratar.

En particular, y sin perjuicio de los motivos que con carácter general expone el autor más arriba mencionado para sostener la trascendencia que posee esta etapa preliminar del contrato de trabajo, corresponde señalar que, en el plano más concreto de lo vinculado con la formación profesional, este período es de la máxima importancia.

En este sentido debe recordarse, en primer término, que no en vano la formación profesional es presentada habitualmente como un instrumento hábil para paliar el desempleo, en la medida que permite o facilita el acceso del trabajador cualificado al mercado de trabajo. Si bien es evidente que resulta un exceso suponer que la formación profesional, en solitario, está en condiciones de provocar efectos profundos en la generación de nuevos empleos, no es, sin embargo, posible desconocer que su incidencia en estos temas no es menor.

Es precisamente en las etapas de gestación del contrato de trabajo cuando la formación profesional adquiere una de sus proyecciones prácticas más claras, pues es en este momento cuando se establece el nexo entre la cualificación exigida por el empleador para adjudicar el puesto de trabajo vacante y la que los postulantes que aspiran a acceder al mismo están en condiciones de ofrecer. Y aquí es donde se advierte uno de los momentos en los que la exhibición y valoración de la formación profesional que ostenta el trabajador adquiere una de sus dimensiones más relevantes.

Resulta por demás significativo que, contrariamente a lo que acontece en el caso de otros contratos (donde la etapa pre-contractual consiste en una serie de tratativas relativamente complejas y en la que, con razón se ha señalado, la voluntad de *ambas* partes se encuentra *"todavía en movimiento"*[37]), el período *pre-contractual laboral* está, en la mayoría de los casos, destinado casi exclusivamente, a que el empleador pueda desentrañar cuál de los diversos aspirantes que se le ofrecen (de quienes, en los hechos y por regla general, ya en la etapa pre-contractual se descarta la existencia de una voluntad consolidada de acceder al empleo, sin estar en condiciones de negociar cuestiones relevantes en relación con el mismo[38]) es el más adecuado para cubrir el puesto para el que convoca. Va de suyo

37 Idem, p. 15. Según Gamarra, en esta etapa las partes desean simplemente probar o ensayar la conveniencia u oportunidad de celebrar un contrato. Op. cit., p. 17.

38 Según estimaciones de Barretto, "...en Uruguay, el 53% de quienes buscan empleo no plantean ninguna exigencia en materia de salario, horarios, tipo de trabajo ni otras condiciones para aceptar el puesto ofrecido", La obligación..., cit., p. 74. En el período pre-contractual laboral la regla consiste en que el trabajador ya está decidido a trabajar si es seleccionado para el puesto y esta es una notoria diferencia con el período pre-contractual típico de un contrato civil, entre iguales, respecto del que se ha dicho "Las partes no quieren el contrato (...) sino preparar el contrato". Cfe. Gamarra, J., Tratado..., cit., p. 17, citando a Carrara, La formazione dei contratti, Milano, 1915, p. 3.

que dentro de las diversas variables que habrá de apreciar el empleador en esta etapa, la formación profesional que ostente el trabajador constituye una de las más relevantes.

22. La casi inexistente regulación normativa del contrato de trabajo determina un escenario en el que las partes se manejan con la más absoluta libertad en el momento de establecer su contacto inicial,[39] no siendo posible detectar ninguna norma heterónoma que imponga restricciones o condicionamientos al respecto[40] y resultando en la actualidad extremadamente infrecuentes las disposiciones de origen convencional que establezcan -como aconteciera otrora en relación con ciertos sectores de actividad[41]- procedimientos o formalidades específicas que necesariamente deban respetarse a los efectos de proveer una vacante.

Por otra parte, el relativamente escaso desarrollo -en términos comparativos- que en nuestro país poseen los que podrían denominarse "*sistemas complejos*" para la conexión de la oferta y la demanda de trabajo (agencias de colocación, empresas suministradoras de mano de obra temporal, etc.) determinan que aún en la actualidad la fórmula más frecuentemente transitada para establecer el contacto entre el trabajador y el empleador continúe siendo la más primitiva, es decir aquella consistente en la vinculación, más o menos directa, entre ambos sujetos.

Por este motivo, se comenzará abordando esta primera modalidad de inicio del vínculo laboral, para luego pasar a analizar las repercusiones que la formación profesional puede provocar en otros mecanismos de conexión entre la oferta y la demanda de mano de obra, como el de las agencias de colocación o las empresas suministradoras de mano de obra temporal. Como se advertirá, muchas de las consideraciones que se realicen en referencia con esta primera modalidad, también resultarán trasladables a los restantes mecanismos.

39 Huelga señalar que la referencia a la libertad con que se mueven las partes, pretende expresar exclusivamente una libertad de carácter técnico y sin que esto implique desconocer los complejos condicionamientos de diversa índole (económicos, sociales, psicológicos, etc.) que pesan sobre el trabajador en el momento de acceder a un empleo.

40 En este sentido, la etapa pre-contractual del vínculo laboral resulta idéntica a la de cualquier otro contrato de tipo civil, respecto de los que Gamarra expresa que los sujetos que la desarrollan tienen plena libertad respecto de su desarrollo, predominando "...el juicio de conveniencia (enteramente subjetivo)..." de cada parte que lo encara. Cfe. Tratado..., cit., p. 12.

41 En nuestro país existieron algunas disposiciones de carácter general sobre bolsas de trabajo que no tuvieron proyección práctica alguna. En cambio, determinadas reglamentaciones sobre bolsas de trabajo especiales o por sectores, sí tuvieron trascendencia real. Ver al respecto, Plá Rodríguez, A., Curso..., T. II, vol. 1, p. 97 y ss.

1. La formación profesional en las situaciones en las que se establece un nexo directo entre la oferta y la demanda de trabajo

1.1. La convocatoria a aspirantes

23. La convocatoria a interesados para cubrir una vacante laboral, realizada por el empleador, normalmente constituye el acto que da inicio al proceso formativo del contrato de trabajo.

En la misma, el empleador especificará las características y niveles de la formación profesional que *según su criterio* se requiere para el desempeño del puesto de trabajo que ofrece y es a partir de esta primigenia definición, que se habrán de consolidar muchos de los futuros rasgos que exhibirá la relación de trabajo.

Esta definición empresarial del *perfil requerido* para el cargo, provoca una primera y natural consecuencia lógica: en el universo de las personas que se encuentran a la búsqueda de empleo se producirá una división entre quienes consideran que cumplen con las condiciones indicadas en la convocatoria y quienes asumen que la misma no está dirigida a ellos.

A su vez, dentro del contingente de personas que se "auto excluye" de la convocatoria, seguramente podrán distinguirse, al menos tres sub-tipos:

a) el de quienes no poseen una formación relacionada con el objeto de la convocatoria (por ejemplo, la convocatoria dirigida a estudiantes avanzados de Ingeniería, no atraerá a estudiantes de Medicina);

b) el de aquellos que, a pesar de poseer una cualificación relacionada con el objeto de la convocatoria, estiman que no alcanzan el nivel de formación requerido en la misma y que, por este motivo podrían denominarse "sub-cualificados" (para seguir con el mismo ejemplo: en la convocatoria a estudiantes avanzados de Ingeniería, se auto excluye el estudiante de esta carrera que recién ha iniciado sus estudios); y

c) el de aquellos que, poseyendo una formación de nivel superior a la exigida, no se sienten atraídos por la convocatoria, sea por razones salariales, de prestigio profesional, autoestima, status, etc. Quienes integran esta categoría podrían denominarse "sobre-cualificados" (en el mismo ejemplo: en la convocatoria a estudiantes avanzados de Ingeniería, se auto excluye el Ingeniero ya recibido).

24. Conviene llamar la atención respecto de la trascendencia que, incluso en abstracto y más allá de cualquier consideración concreta, posee este acto unilateral del empleador consistente en la convocatoria a interesados a ocupar el puesto de trabajo.

Téngase presente que a partir de dicha convocatoria, cuyos términos y condiciones parecen quedar puramente librados al albedrío del empleador, se provoca una verdadera compartimentación entre quienes se encuentran a la búsqueda de empleo, generándose desde ese mismo momento, una serie de situaciones en las que, en ausencia de toda reglamentación jurídica, van apareciendo grupos de excluidos cuya inserción en el mercado de trabajo puede resultar cada vez más difícil.

Este fenómeno (cuyo desarrollo en profundidad excede los márgenes del presente estudio en la medida que se relaciona con el funcionamiento general del mercado de trabajo y las políticas de empleo) se acrecienta y profundiza en situaciones de crisis de empleo, debido a que el empleador puede verse tentado a plantear mayores exigencias en su convocatoria y muchas personas carentes de empleo -incluso aquellas "sobre-cualificadas"- pueden sentirse en la necesidad de presentarse como aspirantes al puesto, generándose de este modo una serie de insospechadas distorsiones en el mercado de trabajo (aumento de la exclusión laboral y social, insatisfacción en el trabajo, socavamiento de los niveles salariales, etc.).

Frente a la trascendencia social que posee este acto realizado por quien convoca a trabajar, cabe preguntarse si resulta razonable que no exista ningún tipo de reglamentación que permita establecer ciertos cauces compatibles con el diseño de una política de empleo y de trabajo más o menos completa y coordinada.[42]

25. A partir de De Ferrari,[43] la doctrina vernácula parece haber aceptado, sin mayores hesitaciones, que constituye una prerrogativa patronal la determinación y selección de quiénes habrán de constituirse en sus trabajadores dependientes. De ello también se deriva la consecuencia de que el empleador posee discrecionalidad para establecer las características y condiciones de la convocatoria a los interesados.

Esta posición encuentra fundamento en la circunstancia de ser el empleador el sujeto sobre quien recae la responsabilidad y la facultad de establecer las pautas a partir de las cuales habrá de organizarse el trabajo y sobre quien, en última instancia y en virtud del concepto de ajenidad, deberían recaer en exclusividad las contingencias favorables o desafortunadas del emprendimiento acometido.

Sin perjuicio de compartir la razonabilidad de los fundamentos de esta posición, parece necesario advertir que su vigencia se impone mucho más a partir de la fuerza de los hechos, que en mérito al resultado de desgranadas consideracio-

42 Cuatro décadas atrás y en una coyuntura claramente diferente de la actual, De Ferrari expresaba una opinión discrepante a este respecto, al exponer que a pesar que "...siempre se consideró que el empleador tenía derecho de elegir sus colaboradores" (...) "...la reglamentación moderna del trabajo y, sobre todo, los graves problemas planteados últimamente en el mercado de mano de obra, han limitado y, a veces, hasta desconocido, este derecho del empleador, ya que, en muchas actividades o en muchos períodos del ciclo económico, suelen funcionar rígidamente órganos reguladores del empleo, que son los que proveen de trabajadores a los establecimientos". Lecciones de Derecho del Trabajo, T. II, Facultad de Derecho, Mdeo., 1962, p. 34.

43 De Ferrari, F., op. cit., p. 34.

nes de índole jurídica. En un marco de absoluta libertad de contratación, es el empleador, por el mero hecho de la prominente posición que ocupa en la dinámica laboral, la única figura que se encuentra en condiciones de imponer su voluntad a la hora de establecer las pautas o criterios de selección de sus dependientes.

26. Sin embargo, esto no significa que en la etapa previa al perfeccionamiento del contrato laboral, el empleador pueda desenvolverse en un ambiente carente de todo límite.

Por el contrario, si bien es correcto señalar la amplia discrecionalidad que en esta etapa ostenta el empleador, también es preciso exponer que este estado se distingue de la mera arbitrariedad, del actuar exclusivamente caprichoso o compulsivo.

El período pre-contractual -que carece de una reglamentación sistematizada en nuestro Código Civil[44] y respecto de cuyas consecuencias jurídicas la doctrina civilista ha formulado extensos desarrollos- se desenvuelve en una dinámica sujeta a la égida de un principio que ostenta la doble condición de pertenecer a la teoría general del Derecho y al acervo propio y particular del Derecho del trabajo: *la buena fe.*

Esta buena fe constituye una *normativa o pauta de conducta específica* que debe ser respetada por las partes durante el desarrollo de la etapa pre-contractual[45] y que se expresa como un *deber objetivo de comportarse en forma leal.*

Sin embargo, esta pauta de conducta no se agota exclusivamente en un deber *pasivo* de no dañar a otro, sino que, mucho más allá de ello, incluye la necesidad de ajustar el comportamiento propio a un deber *positivo*, de *colaboración*. Según ha sido definida por la doctrina civilista, la buena fe objetiva "...consiste en un comportamiento de cooperación, que conduce a colmar la expectativa ajena mediante una actividad propia de carácter positivo, que se desenvuelve en interés ajeno".[46]

27. De modo que, es a partir del momento en que se elabora la convocatoria a aspirantes para cubrir la vacante (acto que da inicio al período pre-contractual) que comienza a regir este *deber de actuar de buena fe.*

Esto implica que, contrariamente a lo que a primera vista podría suponerse, en el *acto de formulación de la convocatoria laboral* no solamente se encontrará presente el interés del empleador por exponer de la manera más atractiva las características del puesto de trabajo que requiere, sino que además, en virtud de la

44 Aunque, como señala Gamarra, esto no quiere decir que el Código Civil carezca de referencias a este importante período de formación de los contratos: "No falta, pues, en nuestro derecho, una regulación del tema; lo que falta es una consideración sistemática del mismo. Esta carencia se explica fácilmente, porque en la época en que fue sancionado, la teoría de la responsabilidad precontractual no estaba elaborada". Tratado..., cit., p. 43.

45 Cfe. Gamarra, J., op.cit., p. 31.

46 Betti, Obblig., I, p. 71, cit. por Gamarra, J., op. cit., p. 48.

vigencia -ya a partir de este preciso momento- del deber de buena fe, también el empleador deberá prever que la convocatoria sea realizada en términos suficientemente diáfanos y precisos, de forma tal que exprese de manera sincera cuáles son las exigencias y potencialidades que el puesto ofrecido encierra.

Por otra parte, es evidente que este imperativo genérico de actuación de buena fe que pesa sobre el empleador a partir de este momento (y cuyos destinatarios -o sujetos activos- aún constituyen una masa abstracta e indefinida, integrada por el conjunto de personas que pueden estar a la búsqueda de empleo), también representa una verdadera *carga*, expresión que en su sentido jurídico tradicional ha sido definida como el *imperativo del propio interés*.[47] En este sentido, es claro que para el empleador existe la necesidad de expresar de la forma más ilustrativa cuáles son las características del trabajador que está requiriendo, ya que una eficaz resolución de este punto seguramente le evitará pérdidas de tiempo y equívocos.

28. Es a partir de la vigencia de este deber de buena fe que la convocatoria debe realizarse de manera tal que no induzca en error, sino que exprese con claridad las condiciones requeridas para aspirar a ocupar el puesto vacante.

Una convocatoria formulada en términos engañosos puede generar una expectativa indebida en colectivos de trabajadores que en realidad no se habrían encontrado dentro del universo de potenciales interesados en la misma.

De este modo, entre la serie de elementos que el empleador que actúa de buena fe tiene el deber -y, según se vio, también la carga- de indicar en la convocatoria, ocupará un lugar muy relevante el relacionado con las características y el nivel de la formación profesional que se requerirá al postulante interesado.

Esta definición constituye un acto verdaderamente trascendente, pues según fuera señalado, con su formulación se provocan una serie de consecuencias, entre las cuales se destaca claramente el efecto de que el universo de trabajadores que se sienta atraído por la misma, sea el correcto.

29. Es claro que en el logro de esta primera y elemental finalidad está involucrado el interés propio de la empresa convocante, pero sin dudas, también lo estará el de la masa abstracta de personas que se encuentra a la búsqueda de empleo e, inclusive, el de toda la sociedad, en la medida que no sería deseable que se generalizara la práctica de realizar convocatorias confusas o engañosas, con el consecuente efecto dispendioso que en términos humanos y económicos esto provocaría.

Por lo demás, no resulta irrelevante desde el punto de vista jurídico la circunstancia de que con esta convocatoria se genera un *interés* en un determinado

47 Cfe. Couture, E., Vocabulario Jurídico, 4ª reimpresión, Depalma, Bs. As., 1991.

colectivo de personas que, con mayor o menor fundamento, pueden considerarse incluidas dentro del perfil definido en aquélla.

Este *interés,* que en las etapas iniciales de la convocatoria constituirá una mera expectativa o esperanza (prácticamente carente de virtualidad jurídica) irá potenciándose luego durante el transcurso del proceso de selección -adquiriendo el carácter de *interés legítimo*[48]- para finalmente -y una vez que sea formalizada por el empleador la propuesta concreta de empleo- transformarse en *derecho subjetivo al puesto de trabajo,* concomitantemente con el inicio del vínculo laboral.

Más adelante analizaremos cuáles podrían ser las consecuencias que en el plano de la responsabilidad jurídica, surgirían a partir de los eventuales daños que ocasionalmente se provocaran en las distintas fases de esta etapa pre-contractual laboral.

30. De esta forma, la primera manifestación de la vigencia del principio de buena fe en esta etapa pre-contractual, consiste en el deber del empleador de realizar la convocatoria en términos claros, sinceros y suficientemente ilustrativos respecto del alcance y características de la formación profesional que el puesto requiere. Como ha sido señalado, este deber tiene, por una parte, un alcance genérico frente a toda la sociedad y, por otra parte, un alcance más restringido, enfocado específicamente hacia los potenciales aspirantes a ocupar el cargo en cuestión.

Pero el principio de buena fe también determina la presencia de otras consecuencias relevantes en esta etapa pre-contractual laboral.

En este sentido, otra de sus manifestaciones consiste en que resulta exigible al empleador que realiza la convocatoria, la precaución de ponderar que los requerimientos de formación profesional que incluirá en la misma, guarden una razonable adecuación con las necesidades que presente el cargo a cubrir. El empleador debe evitar incurrir en excesos innecesarios, que no solamente pueden provocar distorsiones graves en el mercado de trabajo, sino que, además, potencialmente encierran el riesgo de generar frustraciones o situaciones incómodas a personas que, poseyendo los niveles de formación artificialmente exigidos en la convocatoria, luego constaten que el puesto de trabajo no les ofrece las contrapartidas estimulantes que podían preverse de antemano.

Este es un punto donde el principio de buena fe también se conecta con el *principio de razonabilidad.*

48 Se recurre a esta idea, propia del Derecho público, porque parece resultar adecuadamente aplicable a esta situación. Según explica Cassinelli Muñoz, el interés legítimo es un "...interés (calificado) que se traduce en la *esperanza* de una providencia cuya expedición, constituyendo un deber de la Administración, es idónea para satisfacer la esperanza", in "Acción de impugnación y acción de cumplimiento en lo contencioso administrativo para la tutela de intereses legítimos", in Revista de Derecho, Jurisprudencia y Administración, T. 70, p. 109.

31. Si bien es cierto que los requerimientos del mundo moderno determinan que sean cada vez mayores las exigencias que en materia de formación profesional se plantean a los trabajadores, no lo es menos que en contextos de crisis de empleo y frente a una oferta masiva de mano de obra desocupada, es fácil que los empleadores puedan caer en la tentación de pretender cubrir sus puestos con trabajadores "sobre-cualificados" que, viéndose en la necesidad de conseguir un empleo, acepten ocupar categorías laborales de niveles y remuneraciones inferiores a los que razonablemente podrían aspirar de acuerdo a la formación profesional que ostentan.

Sin dudas se trata de un problema de muy difícil resolución, pues es en gran medida el *mercado de trabajo* el que regulará los límites de las eventuales pretensiones artificiales que en este sentido puedan plantear las empresas.[49]

De cualquier forma, es claro que el deber de buena fe que debe impregnar las actitudes en esta etapa pre-contractual, contiene una importante dosis de componentes éticos, cuyo acatamiento debería imponerse al empleador por razones sociales, incluso por encima de las especulaciones a las que seguramente podría quedar habilitado en mérito al libre juego de la oferta y la demanda de empleo.

32. No debe, sin embargo, desconocerse que aun cuando el empleador sea moderado en cuanto a las exigencias de formación profesional que plantee en la convocatoria, es altamente probable que en mercados de trabajo afectados por graves situaciones de desempleo, resulte inevitable que muchas personas "sobre-cualificadas" superen todos los prejuicios salariales, sociales o de otra índole y como única alternativa para acceder a un empleo aspiren a ocupar incluso puestos de trabajo que planteen exigencias de formación profesional muy inferiores a la que ellas poseen.

Sin embargo, esta variable resulta de solución todavía mucho más difícil, pues la misma depende de la determinación de políticas que permitan la generación de empleos en suficiente número y calidad e, incluso, de la elaboración eficaz de políticas y programas de formación profesional y orientación profesional[50] adecuados.

49 En el ejemplar del diario El País de Montevideo correspondiente al 21 de enero de 2002 se publicaba un informe titulado "Guía para encontrar empleo". El mismo comenzaba diciendo "Conseguir empleo en un país donde el 15,5% de la población económicamente activa está desempleada, no sólo requiere habilidades, capacitación y mucha pero mucha suerte". Más adelante cita la opinión de "expertos en selección de personal", quienes otorgan "importancia fundamental" al hecho de poseer formación universitaria. Se señala, además, que una serie de elementos que otrora podían ser considerados "valores agregados" a exhibir por el postulante (conocimiento de idiomas, informática, etc.) hoy parecen ser cada vez más esenciales.

50 Tanto el Convenio Internacional N° 142, como la Recomendación N° 150 hacen referencia a la formación profesional, como a la orientación profesional (convenio: artículo 1, numeral 1; recomendación: párrafos 1 y 2). Esta última consiste por una parte, en el estudio de los gustos y aptitudes individuales y por otra parte, implica la conformación de mecanismos de recopilación y difusión de informaciones objetivas (también denominada "información profesional") que permitan a la persona hacerse una idea cabal acerca del

En todo caso, esta constatación no puede hacer perder de vista que cuando es el empleador quien desde su convocatoria plantea exigencias de formación profesional artificiales y caprichosas, está provocando automáticamente un indeseable efecto de exclusión, frente al cual la sociedad entera aparece como perjudicada.

Pero además de esta responsabilidad genérica, las características de la convocatoria también hacen surgir en el empleador ciertas exigencias de tono más específico, cuyo incumplimiento puede determinar la incursión en conductas abusivas o discriminatorias. Esto puede acontecer, por ejemplo, si se confirmara que los requerimientos impuestos por el empleador en la convocatoria resultan notoriamente desproporcionados e irracionales con relación a las necesidades del cargo. Por otra parte, también emerge para el empleador el deber de respetar estrictamente la cualificación y dignidad profesional de los individuos atraídos por la convocatoria, respecto de quienes debe considerarse que asume ciertos compromisos elementales (explicación razonable de los fundamentos del nivel de formación exigida en la convocatoria, ofrecimiento de un salario razonablemente ajustado a los niveles de formación que presenta el trabajador, etc.) que guardarán una relación de proporcionalidad con respecto a las exigencias planteadas en el llamado.

33. Otro punto que merece ser analizado es el de las convocatorias que, a partir de determinadas exigencias relacionadas con la formación profesional, introducen elementos discriminatorios y por lo tanto, resultan ilegítimas. En este caso resultará de aplicación el principio de igualdad, que, como se indicara,[51] constituye uno de los basamentos fundamentales del sistema jurídico en general y de la dinámica de la formación profesional, en particular.

Al formular la convocatoria, el empleador deberá evitar especialmente la introducción de elementos que impliquen la presencia de criterios discriminatorios. Esto supone que le estará vedada la posibilidad de establecer diferenciaciones entre las personas sobre la base de pautas o criterios no aceptables, intolerables y, en definitiva, ilícitos. El principio de igualdad, contemplado en el texto constitucional y en normas internacionales, carece, a nivel legal, de los

mundo real del trabajo (características de determinado oficio, condiciones de empleo que éste ofrece, tipo de formación que permite acceder al mismo, situación del mercado, etc.). La referencia que ambos instrumentos hacen a la orientación profesional, resulta particularmente relevante puesto que se trata de una temática que tradicionalmente resultaba ajena al universo profesional, pues interesaba primordial o exclusivamente al mundo escolar. Por otra parte, y contrariamente a lo que sucede con la formación, en el caso de la orientación profesional aún se advierten ciertas hesitaciones a la hora de considerarla como "un derecho de todos", siendo frecuente que los Estados la dirijan exclusivamente hacia determinados colectivos específicos (jóvenes con dificultades familiares, minorías desfavorecidas, etc.). Garmendia Arigón, M., Legislación comparada sobre formación profesional, cit., p. 19 y 20.

51 Ver supra, Capítulo I, numeral 3.5.

desarrollos que por su importancia merece, en especial en cuanto a sus proyecciones en materia laboral.[52]

Sin embargo, esto no puede ser interpretado en mengua de la efectiva vigencia y trascendencia del principio, el que, en todo los casos merece ser objeto de una aplicación rigurosa y acorde con la esencia y finalidades del Derecho laboral.

En esta línea debe señalarse que el acto de convocatoria que realiza el empleador puede constituir una oportunidad para introducir requisitos que encierren una actitud discriminatoria, más o menos explícita. La referencia a ciertos aspectos relativos a la formación profesional exigida al trabajador, puede contener elementos de tenor discriminatorio. Así, ya ha sido señalado que puede ser considerado discriminatorio el planteamiento de exigencias en materia de formación profesional que resulten groseramente desproporcionadas con relación a las necesidades que razonablemente exigiría el puesto de trabajo para el cual se está convocando.

34. Pero mucho más flagrante que la situación que viene de describirse[53] es la que se presenta cuando, en ausencia absoluta de todo criterio objetivo, un empleador realiza una convocatoria dirigida exclusivamente a quienes han adquirido una formación profesional *en determinada* institución formativa y excluye de la misma a quienes han recibido una *formación de idéntico nivel* en otras instituciones. Este tipo de actitudes deben ser apreciadas con criterio estricto y solamente pueden tolerarse en caso que existan *diferencias objetivas* entre las instituciones (por ejemplo, que la convocatoria esté limitada a personas formadas en instituciones que cuenten con reconocimiento oficial), o cuando el empleador convocante esté en condiciones de acreditar que existe alguna circunstancia que permita distinguir *objetivamente* el nivel, los sesgos o las características específicas de la formación profesional impartida en las diferentes instituciones y que, además, ese elemento distintivo posea suficiente relevancia para el desempeño del puesto requerido.

De lo contrario, se estaría estimulando una estrategia mediante la cual, sin que necesariamente exista un respaldo objetivo, se prestigia la formación impartida en una determinada institución que así logra *cotizarse* a partir de mecanismos espurios.

En estos casos, el empleador sería responsable doblemente: por un lado, frente a las personas que poseyendo una formación profesional con las características exigidas en la convocatoria, resultan excluidas de la misma por el mero hecho de no haberla adquirido en la o las instituciones requeridas. Por otra parte, también

52 En este sentido, la ley N° 16.045, de 2 de junio de 1989 y su decreto reglamentario, N° 37/997, de 5 de febrero de 1997, sobre no discriminación por razón de género en materia laboral, aparecen como honrosas excepciones respecto de lo indicado con carácter general.

53 De muy difícil apreciación y prueba.

el empleador puede ser llamado a responsabilidad por la o las instituciones que han sido excluidas de la convocatoria sin que existan elementos objetivos y relevantes que fundamenten razonablemente esa suerte de *pre-selección*.

35. Para finalizar, es pertinente formular algunos breves comentarios sobre las denominadas convocatorias engañosas.

Es bastante más habitual de lo deseable que el empleador, incumpliendo el deber de buena fe que recae sobre él desde el mismo momento en que formula la convocatoria, incurra en expresiones grandilocuentes respecto de las características y potencialidades del puesto ofrecido o del prestigio de la empresa convocante, persiguiendo la finalidad de atraer a un mayor contingente de aspirantes o a aquellos que poseen los niveles de cualificación más elevados.

En estos casos, es frecuente que, precisamente, se recurra al argumento de exponer en términos sobredimensionados las posibilidades formativas que el puesto de trabajo habrá de brindarle al trabajador. En la mayoría de los casos, la artificialidad que encierran estas estrategias queda en evidencia en forma casi inmediata, a poco que el trabajador toma contacto con quien ha efectuado la convocatoria y recibe alguna información preliminar sobre las características del puesto ofrecido o de la empresa que convoca. Quienes poseen niveles más elevados de formación suelen encontrarse en mejores condiciones para percibir la realidad que se oculta detrás de las convocatorias formuladas de manera artificial.

No sería razonable desconocer que existen ciertos márgenes tolerables y hasta culturalmente asumidos, en relación con las modalidades más o menos ampulosas con que se realizan las convocatorias laborales. Sin embargo, tampoco es correcto considerar que cualquier tipo de convocatoria es tolerable, puesto que en ciertas circunstancias pueden plantearse ciertos excesos que potencialmente se encuentran en condiciones de provocar dañosas consecuencias para el trabajador engañado.

Por este motivo y sin perjuicio de los mayores desarrollos que se realizarán más adelante con respecto a la responsabilidad que se genera durante este período pre-contractual, es necesario insistir aquí, una vez más, que toda esta etapa preliminar del contrato de trabajo no resulta exonerada de las consideraciones jurídicas, sino que, por el contrario, sólidos principios le resultan aplicables (buena fe, igualdad, razonabilidad, etc.) y a partir de ellos se habrán de extraer las conclusiones referidas a su dinámica.

1.2. *El proceso de selección*

36. Una vez que han sido planteadas las características de la convocatoria laboral y conformado el contingente de aspirantes que, en principio, se conside-

ran a sí mismos en condiciones de acceder al puesto ofrecido, comienza el proceso de selección.

Como se sabe, la complejidad y prolongación de este proceso puede ser muy variable según los casos, pudiendo presentarse como un acontecimiento casi instantáneo o como un largo derrotero. También son variables los mecanismos o instrumentos que en él se emplean, ya que a veces es el mismo empleador convocante quien interviene en su desarrollo, sea personalmente o delegando la actividad en algún dependiente de su confianza, en tanto que en otras situaciones aparecen terceros, distintos del empleador convocante, quienes asumen diversos grados de protagonismo, organizando, asesorando y, en general colaborando con aquél en la tarea de selección.

37. En un proceso de selección laboral serio, es natural que la apreciación de la formación profesional que posee cada uno de los aspirantes sea, sino el único, uno de los aspectos que adquiere mayor relevancia. Es en este momento cuando quien aspira al puesto de trabajo tendrá la carga de exponer todos sus méritos para así lograr distinguirse del resto de los postulantes.

Al igual que acontece en el momento de efectuarse la convocatoria, durante el desarrollo del proceso de selección (que también forma parte del denominado período pre-contractual) continúa rigiendo el principio de buena fe.

En este caso, la buena fe se expresa en un deber de lealtad recíproca: el empleador deberá exponer al aspirante las características y dificultades que conlleva el puesto a cubrir, el trabajador, por su parte, deberá estar dispuesto a colaborar con el proceso de selección, demostrando la cualificación que posee y sometiéndose a las pruebas que estén razonablemente encaminadas a valorarla objetivamente.

Una de las derivaciones que respecto del trabajador proyecta este deber de buena fe, consiste en exponer lealmente y sin engaños, la formación profesional que efectivamente ostenta, a la que, natural y legítimamente, presentará de la manera que mejor luzca, pero siempre dentro de términos veraces y no artificiosos.

38. El interés del trabajador por exponer sus mejores habilidades al empleador convocante durante el proceso de selección, puede incluso llevarlo a aceptar o proponer demostrarlas mediante el desempeño laboral directo.

Es lo que se ha denominado la "*demostración de suficiencia*" y que, según Barbagelata, consiste en "...brevísimos períodos destinados a la demostración de aptitudes o suficiencia, bajo reserva de que sean verdaderamente tales y que no proporcionen al empleador ninguna ventaja o provecho".[54] El autor distingue

54 Barbagelata, H-H, Derecho del Trabajo, cit., p. 34-35.

esta modalidad, del contrato de trabajo *a* o *con prueba* y señala que en el caso de la *demostración de suficiencia* resulta admisible su carácter gratuito, en la medida que ni siquiera constituye un verdadero contrato de trabajo, "...sino una relación especial análoga a la del concurso en que alguien se coloca con la expectativa de conseguir un empleo, sin favorecer al empresario a quien la demostración va dirigida".[55]

Este tipo de demostraciones prácticas, pueden admitirse pero siempre en un marco rigurosamente estricto. Esto implica, por ejemplo, que si bien puede considerarse legítima en el caso de actividades relativamente complejas, para cuyo desempeño se requiera poseer determinadas habilidades especiales, cuya exhibición práctica al futuro empleador resulte razonable y hasta útil al interés del aspirante al trabajo, en cambio podría merecer ciertos reparos en el caso de tareas simples o rutinarias.

Por otra parte, y tal como enfatiza el autor citado, el factor relativo a su brevedad temporal se constituye en un elemento definidor de su propia naturaleza. En este sentido, debe señalarse que el límite máximo dependerá de las características de cada situación concreta, así como de las habilidades que se habrán de demostrar. En realidad, no parece prudente establecer estos límites a partir de un parámetro estrictamente temporal, sino que resulta más correcto recurrir a un criterio conceptual: de la demostración en ningún caso puede derivarse un provecho económico directo para el empleador, siendo éste el punto de inflexión a considerar como tope para esta modalidad.

39. En algunos procesos de selección se plantean distintas fases o etapas que los aspirantes van superando en la medida que su evaluación resulte favorable. Sin embargo, es habitual que en las etapas finales de estos complejos procesos de selección ya no sea la formación profesional de cada aspirante lo que se está evaluando, sino otros aspectos más sutiles de su carácter (aptitudes, rasgos de la personalidad, etc.).

Es evidente que esta sucesiva superación de etapas produce el efecto de ir incrementando las expectativas de los aspirantes que se sienten cada vez más cerca del puesto de trabajo. La disposición -siempre voluntaria- del aspirante a someterse a las distintas evaluaciones, entrevistas, pruebas, etc., que componen estos procesos, va generando una contrapartida, también derivada del deber de buena fe, consistente en un *paulatino incremento del compromiso de lealtad e imparcialidad que el empleador seleccionador guarda hacia él.*

En este sentido, en las etapas iniciales del proceso de selección, el aspirante es titular de un *interés simple* (mero interés o expectativa), situación jurídica acti-

55 Idem. No obstante, el autor aclara que quienes realizan la demostración deben gozar de la protección de la legislación laboral, "...en primer término, con el propósito de establecer los límites temporales y evitar el fraude pero también, para acordar las garantías que deben rodear la realización de cualquier trabajo".

va que sólo genera muy tenues efectos obligacionales en el empleador seleccionador, sujeto pasivo de esta sutil relación. Estos efectos se resumen casi exclusivamente en compromisos de no hacer, que implican, en esencia, el deber de no provocar daños (por ejemplo, no generar expectativas a quien notoriamente no tiene posibilidades de avanzar en el proceso de selección, no divulgar datos aportados por el aspirante, etc.).

Sin embargo, a medida que el aspirante va sorteando las diversas etapas del proceso de selección, su interés comienza a adquirir ciertos rasgos más complejos, para transformarse en *interés legítimo*, es decir, en una situación subjetiva que implica la legítima expectativa de que, desarrollándose a partir de criterios objetivos y razonables -y sin perjuicio de la amplia discrecionalidad que siempre conserva el empleador- el proceso de selección culmine resultándole favorable. Como puede apreciarse, el aspirante aún no posee un *derecho subjetivo* al puesto de trabajo,[56] sino tan solo una *expectativa calificada* (interés legítimo) de estar en condiciones de ser seleccionado para acceder al mismo.[57] En consecuencia, el empleador seleccionador tampoco estará *obligado* a concretar la oferta de trabajo, ya que en esta etapa ostenta una muy amplia esfera de discrecionalidad. Sin embargo, la contrapartida pasiva del interés legítimo ya no se agota simplemente en un *no hacer* (no dañar), sino que, además, asume otros aspectos más complejos, consistentes en el surgimiento de deberes positivos (*de hacer*) hacia el aspirante.

40. En tal sentido, en esta fase se produce un reforzamiento del compromiso de ajustar el comportamiento a los principios de buena fe, razonabilidad e igualdad, de tal forma que:

a) El proceso de selección debe ser real y verdadero, y no una mera construcción artificiosa mediante la cual se intenta disimular u ocultar el ámbito en el que en última instancia se van a adoptar las resoluciones;

b) La selección debe realizarse a partir de criterios razonables, fundados y ajustados a Derecho. Este deber, derivado del principio de razonabilidad, no va en mengua de la amplia discrecionalidad que posee el empleador, pero en cambio descarta la arbitrariedad. En otros términos: el empleador está perfectamente habilitado para seleccionar a quien desee, utilizando para ello sus propios criterios, los que inclusive podrán estar teñidos de subjetividad. Sin embargo, al empleador le estará vedado realizar la selección a partir de criterios ilícitos (por ejemplo, recurrir a parámetros discriminatorios); y

c) El aspirante que, habiendo avanzado hasta las últimas etapas del proceso de selección, comprometiendo de buena fe su tiempo e inclusive su mejor esfuer-

56 Situación jurídica que solamente alcanzará en un momento ulterior, una vez que el empleador le haya formulado la oferta concreta de trabajo.

57 Ver supra, nota N° 48.

zo, luego termina siendo rechazado, tiene *derecho* a exigir que se le expliciten los fundamentos que han determinado la selección, en forma seria y respetuosa de su dignidad profesional y personal. Debe quedar claro que, salvo que lograra establecerse que la selección ha sido realizada a partir de pautas contrarias a derecho, el aspirante no estará en condiciones de cuestionar el *mérito* de la opción realizada, pues esto -según ha quedado establecido- queda circunscripto dentro del ámbito de discrecionalidad empresarial.[58]

41. En ciertos casos, en el desarrollo de la propia etapa de selección podría plantearse al aspirante la exigencia de realizar ciertas actividades de formación profesional, que se presentan como condición para acceder al puesto de trabajo.

En principio esto no ofrece mayores inconvenientes e inclusive podría considerarse que significa un beneficio personal para el aspirante, que accede a la posibilidad de adquirir, mejorar o perfeccionar alguna aptitud o habilidad previa.

Sin embargo, también es necesario realizar algunas puntualizaciones a este respecto.

En primer lugar, estas situaciones requieren un análisis concreto y cuidadoso, que tendrá por objeto evitar la utilización de este tipo de argumentos con finalidades espurias, como podría ser la generación de una "clientela" artificial en beneficio de una determinada institución formativa.[59] Por otra parte, el cumplimiento de la actividad formativa que se exija, no debería representar un sacrificio desproporcionado para el aspirante y tampoco constituirse en una fachada para disimular el aprovechamiento indebido del esfuerzo laboral de aquél.

A los efectos de evitar tales riesgos, este tipo de actividades formativas deberían ser, en todo caso, de carácter breve, sencillo y el costo de su realización nunca debería recaer en el aspirante. Actividades formativas más exigentes o prolongadas sólo podrían ser admisibles una vez que el contrato de trabajo ya se encontrara perfeccionado.

58 No obstante, podrían plantearse situaciones en las que el empleador convocante hubiera adelantado que la selección se realizaría a partir de la evaluación específica de un determinado mérito (por ejemplo, en una convocatoria a estudiantes se indica que la selección se realizará estrictamente a partir de la escolaridad que posee cada uno de los aspirantes). En este caso, el empleador autolimita su discrecionalidad, asumiendo la obligación de ajustar su comportamiento a las pautas que él mismo ha indicado. Esto implica que, en estas situaciones, los aspirantes también posean el correlativo derecho subjetivo a que la selección se realice siguiendo el criterio indicado y no otro. Si bien esto no suele acontecer en el ámbito de la actividad privada, se presenta con relativa frecuencia en la esfera pública.

59 Es bastante más habitual de lo deseable, que se le indique al aspirante que a los efectos de lograr la finalidad de ocupar el puesto de trabajo, debe adquirir determinados materiales de formación, o que debe realizar determinado curso o proceso de entrenamiento que se dicta en determinada institución.

1.3. *Las responsabilidades durante el período pre-contractual*

42. Según se ha señalado, a pesar del escasísimo desarrollo que le ha dedicado la doctrina laboralista, el período previo al perfeccionamiento del contrato de trabajo se presenta como una etapa poseedora de contornos relevantes, en especial desde la perspectiva de la formación profesional. Su desenvolvimiento debe ajustarse a determinados parámetros jurídicos, entre los que se destaca la vigencia de los deberes de buena fe (que se proyecta en el deber de lealtad, colaboración, etc.) y de ajustar la conducta a los principios de razonabilidad e igualdad.

Ya han sido analizados los diversos grados e intensidades de las conductas jurídicamente exigibles en cada una de las fases de esta etapa previa a la concreción del contrato de trabajo. Esto significa que a pesar de los amplios márgenes de libertad con que suele manejarse el empleador durante el desarrollo de este proceso previo, su dinámica no queda enteramente ajena al análisis jurídico. Por el contrario, la sujeción a ciertos principios determina que en caso de incumplimiento de los mismos, nacerá la consecuente responsabilidad a cargo del infractor. A pesar de la ausencia de reglamentaciones legales específicas relativas a este período pre-contractual, puede sostenerse que el apartamiento de las conductas debidas acarreará derivaciones jurídicas de diversa índole, entre las cuales no se descarta la responsabilidad de quien haya provocado un daño ilícito.

La doctrina civilista ha analizado frondosamente la naturaleza jurídica contractual o extracontractual de la responsabilidad que eventualmente podría generarse en esta etapa,[60] pero no parecen advertirse dos opiniones respecto a que, en cualquiera de ambos casos, existen fundamentos que respaldan la posibilidad de que una persona puede ser llamada a responsabilidad como consecuencia de los daños provocados a otra durante el período previo al perfeccionamiento del contrato. En materia laboral, Barretto Ghione se ha pronunciado en el mismo sentido, admitiendo la existencia de responsabilidad, incluso en esta etapa.[61]

60 Vid Gamarra, J., Tratado, T. XI, cit., p. 59 y ss.

61 La obligación de formar..., cit., p. 75. Si bien resultan compartibles las conclusiones que sobre el tema expone el autor, en cambio no sucede lo mismo con la fundamentación principal a la que éste recurre para respaldarla. En efecto, Barretto afirma que "En cuanto a la posibilidad de ser el empleador responsabilizado laboralmente en caso que incurra en un comportamiento ilícito en esta etapa, entendemos que ello es posible en la medida que estamos sin duda ante 'asuntos originados en conflictos individuales de trabajo'. Nótese -prosigue el autor- que la ley N° 12.803 de 30 de noviembre de 1960 en su artículo 106 no requiere la existencia de un contrato de trabajo, que sería la única limitación que impediría un reclamo de este tipo". El hecho de que este tipo de responsabilidad pueda someterse o no a la dilucidación de la Justicia laboral (es decir, que pueda considerarse incluida dentro de la previsión legal mencionada por el citado autor) en realidad constituye un dato de carácter estrictamente procesal, que accede -con carácter secundario- a la cuestión sustantiva, consistente en determinar si existe fundamento jurídico para sostener la pertinencia de llamar a responsabilidad por los daños derivados de comportamientos ilícitos cometidos durante el período pre-contractual.

43. Es necesario advertir en este punto que -como se ha dicho- de ninguna forma podría señalarse que el empleador incurre en responsabilidad por el hecho de no concretar el contrato de trabajo con un determinado aspirante. En tal sentido, cabe recordar que mientras el proceso de selección se encuentra en desarrollo, ninguno de los aspirantes puede considerarse titular de un *derecho subjetivo* al puesto de trabajo, sino que tan solo ostentarán lo que se ha denominado *interés legítimo,* en los términos ya expuestos. La responsabilidad nacerá cuando sea desconocido alguno de los deberes o principios jurídicos que rigen durante esta etapa y esto provoque un daño relevante.

La parte que sufra un daño como consecuencia del ilícito comportamiento de la contraria, invocará la responsabilidad de esta última y le reclamará la reparación del mismo, el que podrá incluir los daños materiales y morales efectivamente sufridos, así como el eventual lucro cesante ocasionado, dentro del cual se admite la reclamación del resarcimiento de los daños causados por la pérdida de oportunidades de celebrar otros contratos.[62]

44. Pero además, el incumplimiento de ciertos deberes que rigen durante este período pre-contractual, también puede aparejar consecuencias de otra índole, que impactarán durante el desarrollo del contrato de trabajo, una vez que éste se haya perfeccionado.

Así por ejemplo, podrían suscitarse casos en los que el empleador opte por contratar a determinado aspirante como consecuencia de haber sido inducido en error por parte de éste en relación con las características o el nivel de la formación profesional que posee.

En tales casos, la falta al deber de buena fe que fuera cometida por parte del entonces aspirante, podría ser invocada por el empleador una vez comenzado el contrato de trabajo, a los efectos, por ejemplo, de exigir al trabajador un nivel de desempeño acorde con las habilidades simuladas en la etapa previa y, eventualmente, frente a la imposibilidad por parte de éste de alcanzar las metas indicadas en función de las mismas, podría terminar por configurarse una hipótesis de notoria mala conducta fundada en un desempeño poco diligente del trabajador.[63] También podría alegarse la existencia de dolo como vicio del consentimiento, circunstancia que habilitaría al empleador a invocar una nulidad relativa del contrato de trabajo (artículo 1560, ordinal 3° del Código Civil) y, además, a reclamar la indemnización de los perjuicios eventualmente sufridos.[64]

62 Mirabelle, Dei contratti in generale, p. 82, Torino, 1958, cit. por Gamarra, J., op. cit., p. 95.

63 En los contratos de trabajo elaborados por el Nuevo Banco Comercial S.A., se incluye una cláusula que habilita al Banco a rescindir el contrato sin incurrir en responsabilidad en caso que el trabajador hubiere invocado antecedentes, méritos o una cualificación superiores a los que efectivamente ostenta.

64 El dolo como vicio del consentimiento consiste en el empleo por parte de uno de los contratantes, de palabras o maquinaciones insidiosas, con la finalidad de inducir al otro a celebrar un contrato que, de no haber mediado el dolo, no hubiera realizado. La invocación del dolo no requiere la prueba de que se haya

En cualquiera de estas hipótesis el empleador deberá asumir la carga de la prueba de las circunstancias invocadas y el juzgador habrá de apreciarlas con criterio muy estricto, teniendo especialmente en cuenta que durante las etapas previas al perfeccionamiento del contrato, el empleador es quien normalmente dispone de los instrumentos adecuados para desentrañar con altos grados de precisión cuál es exactamente el nivel de formación profesional que posee cada uno de los aspirantes que se ofrecen a su consideración.

2. Formación profesional, agencias de colocación y empresas suministradoras de mano de obra temporal

45. En Uruguay, el disciplinamiento de las agencias de colocación y de las empresas suministradoras de mano de obra temporal, extremadamente escaso en general,[65] carece de toda referencia a la cuestión de la formación profesional.

Sin embargo, una serie de circunstancias podrían invocarse a los efectos de defender la conveniencia del establecimiento de determinadas exigencias a este respecto.

En tal sentido, por ejemplo, se ha señalado que la pertinencia de exigir que en estos casos se desplieguen ciertos deberes en relación a la formación profesional de los trabajadores, sería una consecuencia necesaria y natural de un adecuado ejercicio de la función de intermediación, como garantía de la profesionalidad del trabajador cedido o como tutela de su salud e integridad física.[66] No obstante la pertinencia de tales postulados, resulta bastante difícil poder sostener la existencia de obligaciones concretas al respecto, en ausencia de una reglamentación legal explícita.

De cualquier forma, debe señalarse que las empresas de este tipo también quedan alcanzadas por el deber de buena fe, al que deben ajustarse estrictamente en el relacionamiento que establezcan, tanto con los empleadores como con los trabajadores que se vinculen con ellas.

tenido intención de dañar y ni siquiera requiere probar la existencia de un perjuicio por parte de la víctima. Cfe. Gamarra, J., Tratado, T. XII, 3ª ed., FCU, Mdeo., 1979, p. 131 y ss. No quedaría en cambio incluida, como hipótesis de dolo, la denominada "reticencia", consistente en el comportamiento negativo del trabajador, quien guarda silencio respecto de algunas circunstancias que la otra parte podría tener intención de conocer. Idem, p. 169 y ss. Sobre el tema del dolo como vicio del consentimiento en el contrato de trabajo, también puede consultarse Plá Rodríguez, A., Curso, T. II, vol. 1, cit., p. 122.

65 Convenio Internacional de Trabajo N° 96, ratificado por el decreto-ley N° 14.463, de 17 de noviembre de 1975, que aceptó las disposiciones contenidas en la Parte III; decreto N° 384/979, de 4 de julio de 1979.

66 Mirón Hernández, M., op. cit., p. 100. En España, el denominado Acuerdo Nacional de Formación Profesional Contínua en el Sector de Empresas de Trabajo Temporal, preveía la obligación de este tipo de empresas de proporcionar a los trabajadores "formación suficiente y adecuada a las características del puesto a cubrir, teniendo en cuenta su cualificación y experiencia profesional y prestando especial atención a los riesgos a los que vaya a estar expuesto". Idem, p. 99.

Capítulo III
La formación profesional en diversos tipos de contratos de trabajo

46. Culminada la etapa preliminar y una vez perfeccionado el contrato de trabajo, la formación profesional continúa poseyendo trascendencia; en este caso, con respecto a las modalidades o formas específicas que habrá de asumir el mismo.

La cualificación que posea el trabajador, así como la eventual formación que pueda adquirir durante el decurso del vínculo laboral, han constituido desde siempre, elementos determinantes de las características de la relación de trabajo.

Así, por ejemplo, Barbagelata utiliza ciertos criterios directamente relacionados con la cualificación, aptitud o formación profesional del trabajador, para proponer diversas "especialidades" de contratos de trabajo. En tal sentido, señala dentro de las "...especialidades causadas por la *convergencia de objetos...*" al "...*contrato de trabajo a* o *con prueba* y el *aprendizaje*", en tanto que "Entre las especialidades que -según el autor- dependen de *condiciones del trabajador*, están las que tienen que ver (...) con la calificación profesional u otros factores cualitativos".[67]

47. Seguidamente serán analizados, a este respecto, los siguientes temas:

-Formación profesional y contrato de trabajo a prueba;

-Formación profesional y contrato de aprendizaje tradicional;

-Formación profesional y los contratos previstos en la "Ley de empleo juvenil" (N° 16.873);

-Formación profesional y pasantías (Ley N° 17.230).

67 Derecho del Trabajo, T. II, FCU, Mdeo., 1981, p. 16 y 17.

1. Formación profesional y contrato de trabajo a prueba

48. En la misma línea de lo que acontece con carácter general en nuestro Derecho positivo con relación al tratamiento del contrato de trabajo, en el caso del *contrato de trabajo a prueba* se advierte una ausencia casi absoluta de regulaciones.

No obstante, se trata de una figura que ha sido tradicionalmente admitida por la doctrina[68] y la jurisprudencia. Por otra parte, su utilización en la práctica se encuentra notablemente difundida, a tal punto que no resulta exagerado señalar que en la actualidad, aparece como la regla de principio en el comienzo de las relaciones laborales.[69]

La carencia de una reglamentación específica de la figura por parte del Derecho positivo, ha sido, en cierta medida, suplida por las elaboraciones doctrinarias y jurisprudenciales. Es hacia estos ámbitos a los que debe acudir el intérprete a los efectos de desentrañar las características generales que debe poseer la figura, las condiciones de admisibilidad, sus límites temporales y sus efectos.

49. Según Plá Rodríguez, el denominado "período de prueba" es "...el espacio de tiempo en el cual el trabajador demuestra su aptitud profesional, así como su adaptación a la tarea encomendada, y durante el cual cualquiera de las dos partes puede hacer cesar la relación que los vincula",[70] en tanto que Barbagelata lo ha descrito como "...aquél en el cual durante un término, o hasta el vencimiento de un plazo, destinado al conocimiento laboral de las partes, el contrato de trabajo no se reputa definitivamente concretado".[71]

No corresponde realizar aquí un análisis detenido de la figura del contrato a prueba y ni siquiera exponer un panorama general de los puntos que al respecto han suscitado debates en la doctrina. Simplemente habrán de referirse algunas cuestiones vinculadas con la temática de la formación profesional, en atención a

68 De Ferrari, F., Lecciones, T. II, p. 33 y ss., Plá Rodríguez, A., "El período de prueba", in rev. Derecho Laboral, T. I, N° 4, julio 1948, p. 235 y ss., Barbagelata, H-H, Derecho del Trabajo, T. II, cit., p. 31 y ss. En cambio, más recientemente Raso Delgue ha planteado una voz discrepante, al señalar que "Mientras no exista una norma legal que claramente habilite la suscripción del contrato de trabajo a prueba, el mismo solo podrá legitimarse, cuando causas excepcionales así lo justifiquen". Sin embargo, el autor no alcanza a impugnar frontalmente la pertinencia de la figura, puesto que seguidamente señala que "En todo caso, y aún discrepando con la doctrina más recibida y la jurisprudencia mayoritaria, consideramos que el contrato no constituye una 'licencia' contractual incausada y por lo tanto el empleador -en caso de admitirse la legitimidad del contrato- deberá probar: a) que dio al trabajador la oportunidad de trabajar en normales condiciones de trabajo; b) que el trabajador no demostró la idoneidad suficiente en el desempeño de las tareas encomendadas". Raso Delgue, Juan, La contratación atípica del trabajo, Ed. Amalio Fernández, Mdeo., 2000, p. 112.

69 Señala Raso Delgue que "...el viejo y excepcional contrato de prueba se ha vuelto de 'moda' y todo empleador mínimamente organizado lo exige en la actualidad a los nuevos trabajadores", op. cit., p. 94.

70 Plá Rodríguez, A., "El período de prueba", in rev. Derecho Laboral, T. I, N° 4, julio 1948, p. 235.

71 Barbagelata, H-H, Derecho del Trabajo, T. II, cit., p. 31.

que durante la prueba, la misma se presenta como un elemento de importancia determinante.

Según es señalado en todas las definiciones, el período de prueba tiene por finalidad que ambos sujetos del vínculo laboral se conozcan mutuamente y puedan llegar, eventualmente, a la convicción de que están en condiciones de relacionarse de manera más o menos estable.[72]

Evitando ingresar en las cuestiones relacionadas con el debate sobre la naturaleza jurídica que posee este período de prueba, corresponde simplemente señalar, que durante el decurso del mismo y hasta su finalización, el empleador se encuentra en condiciones de disponer la desvinculación del trabajador sin quedar obligado a abonarle la indemnización por despido que dispone la ley. En cambio, el resto de las normas laborales resultan enteramente aplicables a este período de prueba.

50. La formación profesional que posee el trabajador, así como las aptitudes que éste exhiba para adquirir nuevas habilidades en el futuro, sin dudas constituyen algunos de los aspectos cuya valoración adquiere mayor relevancia durante este período.

No obstante, también es preciso señalar que la prueba a la que se somete el trabajador en esta etapa, seguramente no apuntará exclusivamente a la valoración de la formación profesional que ostenta, sino que también serán objeto de análisis otros aspectos más o menos trascendentes, como la forma en que se inserta en la organización empleadora, su capacidad de relacionamiento humano, sus condiciones de asiduidad, puntualidad, pulcritud, contracción al trabajo, etc.

A este respecto, Barbagelata plantea la exigencia de que en el contrato se estipulen de manera suficientemente explícita "los extremos de la prueba", es decir, aquellos elementos que habrán de ser objeto de valoración durante el mencionado período.[73] Este requisito resulta a todas luces razonable y su fundamento se deriva sin mayores esfuerzos de la vigencia del principio de buena fe, pues agrega una importante cuota de claridad a lo acordado y permite que el trabajador conozca de antemano los aspectos que serán analizados durante la prueba.

Por otra parte, el hecho de quedar acotados contractualmente los elementos a valorar, producirá una deseable reducción de la esfera de actuación unilateral del empleador, que alejará notoriamente las posibilidades de incurrir en com-

72 De Ferrari, F., Lecciones, cit., p. 33, Plá Rodríguez, A., "El período...", cit., p. 236. Contra la opinión de De Ferrari y Plá, para quienes el período de prueba beneficia a ambos sujetos de la relación de trabajo, Barbagelata señala que, salvo casos excepcionales, el mismo beneficia exclusivamente al empleador. Op. cit., p. 32-33. En la misma línea que este último autor, se ubica Raso Delgue, para quien "Afirmar que el contrato de trabajo beneficia también al trabajador contradice la realidad de la relación de trabajo...", op. cit., p. 112.

73 Derecho del Trabajo, cit., p. 40.

portamientos arbitrarios, sin que necesariamente sean afectados gravemente los márgenes de discrecionalidad que razonablemente pueda conservar.

Sin embargo, es necesario señalar que en la práctica, por lo general, las cláusulas contractuales que establecen el período de prueba son formuladas de manera muy genérica y carecen de cualquier especificación del estilo de la expresada, sin que esto genere a nivel jurisprudencial mayores resistencias.[74]

51. En la misma línea, Barbagelata también plantea que las exigencias y requisitos de la prueba sean "...los de uso, conforme a los convenios colectivos y otras normas profesionales".[75] De esto se deriva que, según el autor no solamente sería necesario que en el contrato se estipularan los aspectos a valorar durante el período de prueba, sino que además, los mismos deberían ser objeto de una apreciación ajustada a las exigencias normales de la categoría profesional. También este requisito aparece como una derivación del deber de buena fe y, en particular, del principio de razonabilidad.

Es plenamente compartible la posición del autor en cuanto exige que la condición pactada como objeto de la prueba no involucre "...cuestiones ajenas al desempeño satisfactorio del empleo y, de manera especial, atentar contra la independencia de la conciencia moral y cívica, o los derechos sindicales".[76]

52. De lo que viene de señalarse se infiere que, contrariamente a lo que parece haberse convertido en práctica común en nuestro medio, el período de prueba no puede ser interpretado como análogo a un período de carencia legal, durante el cual, con abstracción de cualquier tipo de consideración, el trabajador aún no ha alcanzado la antigüedad suficiente para generar el derecho a percibir una indemnización por despido.[77]

Por el contrario, al constituirse el período de prueba en una convención que introduce excepciones a la normativa sobre la indemnización por despido,[78] su legitimidad dependerá de que sea utilizado estrictamente dentro de los límites que su propia finalidad le impone.

De esto se deriva la improcedencia de pretender que un contrato de trabajo a prueba habilite al empleador a rescindirlo en cualquier momento de su decurso, sin expresar causa alguna. Por el contrario, solamente será viable dicha resci-

74 Cfe. Raso Delgue, J., op. cit., p. 112.

75 Derecho del Trabajo, T. II, cit., p. 40.

76 Idem.

77 Como por ejemplo acontece en el caso de los trabajadores jornaleros -quienes según el artículo 1° de la ley N° 10.570, sólo generan el derecho a la indemnización por despido cuando hayan laborado más de cien jornadas en el establecimiento- o en el de los trabadores domésticos -que según el artículo 7° de la ley N° 12.597, generan derecho a percibir la indemnización por despido una vez que hayan cumplido un año de antigüedad al servicio del empleador.

78 Y que por este motivo y, en ausencia de norma legal expresa habilitante, su naturaleza y licitud genera tantos debates doctrinarios.

sión si el empleador invoca -y eventualmente, está en condiciones de acreditar- que el trabajador no logró colmar las expectativas que razonablemente podían esperarse en el desempeño de la tarea.[79] Como se indicó, esto no necesariamente implica que el empleador deba hacer referencia a que el trabajador presenta carencias en materia de formación profesional,[80] puesto que también otros factores pueden ser objeto de valoración y ensayo durante este período.

Siguiendo la misma línea de razonamiento que expusiéramos al analizar la etapa pre-contractual,[81] podría en este caso señalarse que si bien no puede afirmarse que el trabajador con contrato a prueba tenga un *derecho subjetivo* a pemanecer en el puesto de trabajo, en cambio sí debe reconocérsele la titularidad de un *interés legítimo* a este respecto. Es a partir de este *interés legítimo,* que el trabajador queda habilitado a exigir a su empleador que le brinde las explicaciones de los motivos por los cuales este último consideró que la prueba no fue satisfactoria.

Debe advertirse que esta solución no supone una impugnación de la amplia discrecionalidad que el empleador posee para valorar la aptitud de los trabajadores durante el período de prueba. Se trata simplemente de salvaguardar el legítimo interés que puede tener el trabajador por conocer las razones por las cuales se decidió dejar de contar con su participación. Incluso es probable que el trabajador no comparta los criterios que el empleador utilizó para valorar su desempeño, pero salvo que los mismos sean ilícitos -o notoriamente groseros en cuanto a su propósito simulatorio- las consideraciones *de mérito* se mantienen dentro de la esfera de *discrecionalidad* que ostenta el empleador.[82]

53. De lo que viene de decirse se desprende que el trabajador estará habilitado a exigir que se le expongan las razones de la rescisión y a cuestionar la decisión empresarial solamente cuando la misma haya sido adoptada a partir de criterios contrarios a derecho, independientemente del mayor o menor grado de explicitación con que los mismos hayan sido manifestados.

79 En contra de la inteligencia propuesta para la interpretación de este instituto podría invocarse el artículo 30° de la ley N° 16.873 (que regula diversas modalidades contractuales para el fomento de la formación y el empleo juvenil), en el que se establece que "Los contratos previstos en la presente ley se rescindirán sin responsabilidad alguna por voluntad unilateral del empleador durante el período de prueba". Sin embargo, la disposición también podría ser invocada en apoyo de la posición aquí sustentada, pues perfectamente podría señalarse que el legislador tuvo necesidad de introducirla expresamente en el caso de los contratos de empleo juvenil debido a que la solución que se plasmó en esta norma posee carácter excepcional y en consecuencia no resulta pertinente su aplicación extensiva.

80 A no ser que, como exige Barbagelata, en la cláusula de prueba se hubiera estipulado que durante el período que insumiera la misma, solamente se probaría la formación profesional del trabajador.

81 Ver supra, CapítuloII, numeral 1.3.

82 Según ya ha sido destacado, la discrecionalidad es un concepto distinto de la arbitrariedad, en la medida que supone la posibilidad de optar libremente pero siempre dentro de alternativas ajustadas a Derecho. En el caso de la arbitrariedad, en cambio, se incurre en un comportamiento ilícito.

También tendrá derecho el trabajador a llamar a responsabilidad al empleador que con su conducta ilícita le hubiera provocado un daño. Por ejemplo, podría plantearse una hipótesis de este tipo si el empleador, pretendiendo ocultar los verdaderos motivos ilícitos de su decisión de rescindir el contrato, recurre a argumentaciones que cuestionan infundadamente la cualificación o formación profesional del trabajador, lesionando así su honor profesional o sometiéndolo a comentarios públicos maliciosos.

En tal caso, el trabajador dañado quedaría habilitado a exigir al empleador que probara sus afirmaciones e, inclusive asumir él mismo la carga de probar sus habilidades a los efectos de demostrar la falacia en que este último ha incurrido.

54. Algunas otras cuestiones pueden plantearse respecto de la importancia que posee la formación profesional durante el período de prueba.

Así por ejemplo y ante la ausencia de regulaciones legales que explícitamente aborden la temática, podría considerarse que a partir de la valoración que en esta etapa deba realizarse de la formación profesional que posee el trabajador, pueda variar el plazo admisible de la prueba.

En tal sentido, frente a situaciones en las que la formación profesional a valorar resulta muy compleja o, cuando por las características de la actividad, la demostración de las habilidades exige que la prueba se realice en distintas épocas del año, podría sostenerse razonablemente la pertinencia de que el período de la misma fuera superior al habitualmente tolerado,[83] aunque siempre, dentro de parámetros razonables. A la inversa, cuando la valoración de la formación profesional resulta de fácil apreciación, podrían plantearse plazos de prueba más breves.[84]

También podría admitirse una prolongación del período de la prueba en aquellos casos en que al inicio del vínculo laboral el empleador asume a su cargo la realización de ciertas actividades de formación profesional predominantemente teóricas y luego de culminadas las mismas desea apreciar si el trabajador efectivamente ha adquirido las habilidades que el desempeño práctico del cargo requiere.

83 Que según doctrina y jurisprudencia constante es de unos noventa días.

84 Aunque en estos casos, el empleador seguramente desee ampararse en la máxima prolongación admisible, extremo que, en cierta forma puede resultar razonable si se tiene en cuenta que -como se ha señalado- no es exclusivamente la formación profesional lo que se valora durante el desarrollo de la prueba.

2. Formación profesional y contrato de aprendizaje tradicional

2.1. Noción

55. De Ferrari definía el contrato de aprendizaje como "...el acuerdo que celebra un empresario, el jefe de un taller o un artesano, por el cual se compromete a dar o hacer dar una formación profesional metódica y progresiva a otra persona, la cual se obliga a su vez a trabajar para su maestro en las condiciones y plazos fijados generalmente por la ley o las costumbres".[85]

El autor explicaba que la enseñanza de un oficio consistía en "...la razón fundamental de esta figura jurídica", respecto de la cual expresaba además que "...existe una profunda desarmonía entre el hecho y el derecho, entre la ficción de la ley y la realidad".[86] De Ferrari formulaba esta última referencia debido a que advertía que habitualmente solía emplearse la expresión "contrato de aprendizaje" para designar situaciones en las que simplemente las empresas contratan trabajadores menores de edad, que si bien son destinatarios de una tutela particular por parte del Derecho del Trabajo en tanto "...seres humanos que no han completado su desarrollo físico ni terminado los ciclos de su formación", en realidad no reciben una enseñanza sistemática, elemento típico de la verdadera figura contractual.[87]

Según expresa Barbagelata, esta modalidad de contrato de trabajo, constituye "...un medio tradicional de formación profesional en el puesto de trabajo", que implica la asunción por parte del empleador de una obligación suplementaria, consistente en impartir o hacer impartir al trabajador, una instrucción apropiada para el logro de una calificación profesional".[88]

Por su parte, Plá Rodríguez recoge la fórmula empleada por la Recomendación N° 60 de la OIT, para señalar que el término aprendizaje se aplica a "todo sistema en virtud del cual el empleador se obliga por contrato a ocupar un joven trabajador y a enseñarle o hacerle enseñar metódicamente un oficio durante un período previamente fijado y en el curso del cual el aprendiz está obligado a trabajar al servicio de dicho empleador".[89]

En forma similar, Raso Delgue lo define como "...aquel contrato de trabajo por el cual una de las partes -el empleador- se obliga a proporcionar directa o indirectamente al aprendiz la enseñanza necesaria para la consecución de las capacidades técnicas necesarias para su formación en determinado oficio o tareas y la otra -el aprendiz- a trabajar para aquélla".[90]

85 Lecciones, T. II. cit., p. 17.
86 Idem, p. 18.
87 Idem.
88 Derecho del Trabajo, T. II, cit., p. 41.
89 Curso, T. II, vol. 2, p. 16.
90 La contratación..., cit., p. 135.

2.2. *Evolución*

56. La importancia otorgada a esta figura contractual como instrumento apto para proveer formación profesional a los trabajadores, ha sufrido una evolución bastante pronunciada e, inclusive debería señalarse que aún en la actualidad se encuentra a este respecto, en estado dinámico.

El comienzo de la mecanización del trabajo que trajo consigo la revolución industrial, desplazó la importancia que hasta el momento había tenido la intervención humana directa en los procesos productivos, base a partir de la cual se había desarrollado la enorme importancia que durante la época de las corporaciones tuviera el aprendizaje.

El predominio de la producción mecanizada provocó un paulatino proceso de devaluación del aprendizaje, que subsistió exclusivamente en algunas actividades en las cuales la presencia de la creatividad humana aún continuaba siendo más o menos irremplazable.[91]

Sin embargo, también la producción industrial comenzó a requerir mano de obra calificada, determinando esta circunstancia que se produjera un cierto resurgimiento de la figura del aprendizaje, aunque en este caso, adquiriendo perfiles notoriamente diferenciados de los que otrora se desarrollaran en los denominados "*cuerpos de oficio*", "...en cuyo ambiente fraternal pudo realizarse una excelente práctica del aprendizaje...".[92] En la vorágine de la actividad industrial, el aprendizaje se transformó en un complemento, más o menos diferenciado, de la dura rutina del contrato de trabajo.

57. La atención que el tema despertaba en el Derecho positivo e inclusive en la doctrina, era muy relativa. En general la preocupación se centraba en señalar que lo que aportaba la particularidad sustantiva al contrato de aprendizaje, consistía en que el empleador quedaba obligado a brindar una formación metódica al aprendiz y que la adquisición de habilidades por parte de éste no debía ser la mera consecuencia del desarrollo habitual del trabajo.

A pesar que no faltaron visiones críticas acerca de la figura del contrato de aprendizaje, las que le auguraban una segura desaparición a partir del desarrollo de la formación en el nivel académico o teórico,[93] la OIT tradicionalmente optó por preferir el mantenimiento de sistemas complementarios entre la enseñanza profesional y el aprendizaje, con la finalidad de facilitar una más adecuada inserción de los jóvenes en la realidad del mundo del trabajo.[94]

91 Cfe. De Ferrari, F., Lecciones, T. II, cit., p. 10; Plá Rodríguez, A., Curso, T. II, vol. 2, p. 13 y ss.

92 De Ferrari, F., Lecciones, T. II, cit., p. 15.

93 De la Cueva, Mario, Derecho Mexicano del Trabajo, t. I, ed. 1943, p. 718, cit. por Barbagelata, H-H, Derecho del Trabajo, T. II, cit., p. 42.

94 Cfe. Barbagelata, H-H, Derecho del Trabajo, T. II, cit., p. 42. El autor menciona como ilustrativas de esta tendencia a las Recomendaciones N° 57 y 60.

Sin embargo, a partir de mediados del siglo pasado, los instrumentos de la Organización dejaron de referirse al aprendizaje, temperamento que, según Barbagelata, podría atribuirse al hecho de que pasó a considerarse que la formación exclusivamente en el empleo ya no resultaba adecuada para la mayor parte de los puestos de trabajo.[95] En este sentido, se ha destacado que a partir de la adopción, en 1962, de la Recomendación sobre Formación Profesional (N° 117), se produjo un notorio cambio respecto de la concepción que hasta el momento se había tenido acerca de la formación profesional, la que pasó de ser concebida como mero instrumento equilibrador del mercado de trabajo a factor principal del desarrollo económico y social, herramienta para la continua superación del individuo y elemento fundamental para la consecución del objetivo de la justicia social.[96] No obstante y tal como advierte el mencionado autor, las alusiones a la formación profesional en el puesto de trabajo no desaparecen totalmente de las normas internacionales. Por el contrario, tanto el Convenio N° 142, como la Recomendación N° 150, contemplan con particular énfasis la necesidad de que el trabajador reciba una formación profesional que guarde una estrecha relación con el mundo real del trabajo, lo que se logra mediante la exigencia de que la formación recibida en el ámbito escolar o académico se complemente con una adecuada experiencia práctica en el seno de la empresa.[97]

En cualquier caso, lejos de producirse su desaparición, el contrato de aprendizaje ha adquirido en los últimos tiempos un importante impulso, a raíz de su vinculación con el desarrollo de políticas tendientes a paliar los efectos de la crisis de empleo, en las que se tiende a recurrir al mismo -y a la formación profesional en general- como instrumento eficaz para la generación de nuevos puestos de trabajo.[98]

2.3. *Elementos típicos*

58. La doctrina ha señalado que los elementos identificatorios del contrato de aprendizaje coinciden con los contenidos en la Recomendación N° 60, de 1939. En ella se establece que se trata de un vínculo de naturaleza contractual, cuyo plazo de duración se encuentra pactado de antemano y del que se derivan obligaciones recíprocas para el empleador y el aprendiz: en el caso del primero, a las obligaciones habituales, se agrega la consistente en brindar al aprendiz una for-

95 Idem, p. 43.
96 BIT, Desarrollo de los recursos humanos, cit., p. 3 y 4. Ver supra, Principio de antropocentrismo, Capítulo I, numeral 3,.
97 Convenio N° 142: artículo 1, numeral 1, Recomendación N° 150: párrafo 22. Ver supra, Principios de adecuación a la realidad, integralidad e instrumentalidad, Capítulo I, numeral 3.
98 Cfe. Raso Delgue, La contratación..., cit., p. 135.

mación específica, de manera metódica; en el caso del segundo, existe la obligación de trabajar.

En general, se admite que la presencia de una remuneración salarial no constituye un requisito imprescindible, habiendo quienes sostienen que aun en aquellos casos en los que no exista un salario expresamente pactado, debería considerarse tal, el beneficio que el aprendiz recibe en instrucción.[99]

El elemento verdaderamente relevante para la definición de esta figura consiste en la presencia de la obligación del empleador de otorgar al aprendiz una formación profesional previamente establecida, la que debe ser impartida con un carácter metódico y explícito, entendiéndose por esto último, que las habilidades adquiridas por el aprendiz no deberían ser exclusivamente aquellas derivadas naturalmente del mero hecho de desempeñar una tarea.

2.4. *La obligación de brindar ocupación efectiva al aprendiz*

59. La existencia de esta obligación suplementaria de formación que el contrato de aprendizaje pone a cargo del empleador, determina, además, la atribución a éste de otra obligación -naturalmente complementaria de la anterior- que en el contrato de trabajo corriente sólo adquiere virtualidad en situaciones muy excepcionales: la de proporcionar ocupación efectiva al aprendiz.

En tal sentido, resultaría contrario a la consecución de las finalidades propias del contrato de aprendizaje, que se omitiera encomendar al aprendiz la realización de alguna tarea concreta. Por otra parte, las tareas a encomendar al aprendiz deben mantener relación estrecha con el tipo y nivel de formación que constituye el objeto del contrato, siendo necesario evitar que mediante prácticas espurias se termine por desvirtuar el sentido natural del contrato.

De este modo, un requisito que por regla general no aparece como exigible al empleador en el marco de una relación laboral habitual (brindar efectivamente trabajo al dependiente), adquiere especial relevancia en el contrato de aprendizaje,[100] de forma tal que el aprendiz estaría en condiciones de reclamar su cum-

99 De Ferrari, F., Lecciones, T. II, cit., p. 20. En cierta medida esta es la inteligencia que inspira en Cuba la regulación del llamado "contrato de trabajo en condiciones especiales de aprendizaje" (artículos 85 a 99 del Código de Trabajo). Este contrato posee la particularidad de que una vez finalizados los cursos de capacitación, se seleccionan egresados que las entidades en las que se desempeñaron quedan obligadas a contratar y en las que los seleccionados están obligados a trabajar por el doble del tiempo que se invirtió en calificarlos.

100 Cfe. Plá Rodríguez, A., Curso, T. II, vol. 1, cit., p. 164 y ss. En la misma línea, Barbagelata recoge el temperamento oportunamente planteado por De Ferrari, para sostener que "...la obligación principal del empleador es la de pagar el salario y (...) cuando no puede proporcionar trabajo, cumple con el contrato sirviendo la remuneración", Derecho del Trabajo, T. I, cit., p. 172, nota N° 49. En la doctrina extranjera merece citarse, por ejemplo, lo expresado por María del Mar Mirón Hernández, quien señala que si bien en el ordenamiento español no existe una tutela autónoma del derecho a la ocupación efectiva, en cambio éste se relaciona con las consecuencias que el mismo puede acarrear para el ejercicio de otros derechos del trabajador, como sería el caso de la tutela de la dignidad del trabajador o el desarrollo de su formación profesional. Op. cit.,

plimiento en especie u optar por considerar rescindido el contrato y exigir el resarcimiento de los daños y perjuicios que el comportamiento del empleador le hubiere ocasionado.[101]

2.5. *El contrato de aprendizaje tradicional en el Derecho positivo*

59. Las normas de Derecho positivo que pueden mencionarse en relación con el contrato de aprendizaje tradicional, poseen una importancia mucho más anecdótica que práctica.[102] Esta afirmación adquiere todavía mayor vigencia a partir de la promulgación, a fines de 1997, de la ley N° 16.873, que contiene disposiciones especiales sobre tipos específicos de contratos de aprendizaje y si bien jurídicamente no se excluye la posibilidad de recurrir a otras modalidades de aprendizaje distintas de las reglamentadas en dicha norma legal,[103] en los hechos no parece posible que esto acontezca en la práctica, dados los beneficios que en materia de disminución de costos laborales trae aparejada la utilización de estas últimas.

De este modo, las referencias detectables en el Derecho positivo son de tenor secundario y así, por ejemplo, puede mencionarse la ley N° 10.449, de 12 de noviembre de 1943, que al instituir los Consejos de Salarios, reconoció en su artículo 16 la competencia de estos organismos tripartitos para "reglamentar el aprendizaje de los menores de dieciocho años". Sin embargo, la norma no tuvo mayor desarrollo práctico.[104] Posteriormente, ya en la década del '60, fue promulgada la ley N° 13.318, de fecha 26 de diciembre de 1964, a través de la que se pretendió

p. 114 y ss. Sin embargo, en la doctrina española, también se han expuesto opiniones contrarias, al señalarse que la inactividad profesional entraña "un atentado contra [la dignidad del trabajador] al verse privado de un instrumento esencial en la realización de su personalidad". Guanche Marrero, A., El derecho del trabajador a la ocupación efectiva, Civitas, 1993, p. 35, cit. por Valdés de la Vega, B., op. cit., p. 24.

101 Al considerarse que la naturaleza jurídica del contrato de aprendizaje es la de un verdadero contrato de trabajo, en estos casos el aprendiz podría invocar la configuración de un despido indirecto. La cuantificación de la indemnización por despido podría presentar dificultades cuando no se hubiere pactado una remuneración salarial explícitamente. En tal caso, debería procederse a realizar una avaluación del beneficio económico que para el aprendiz representaba la formación que debería haber recibido y a partir de dicha base practicar las liquidaciones correspondientes.

102 Cfe. Barbagelata, H-H, Derecho del Trabajo, T. II, cit., p. 48, Raso Delgue, J., op. cit., p. 136. En el Derecho positivo de algunos países de América latina y el Caribe, existen previsiones que obligan a los empleadores a contratar aprendices. Así acontece, por ejemplo en Colombia (Decreto N° 2838 del 14 de diciembre de 1960) y Costa Rica (donde la ley N° 4.903 delega en el Instituto Nacional de Aprendizaje -INA- la competencia de determinar en qué oportunidades se hará efectiva la obligación de los empleadores en este sentido). Si bien este tipo de mecanismos incrementa la trascendencia práctica que poseen los contratos de aprendizaje, en muchos casos también se les ha criticado su falta de efectividad práctica. Cfe. Cinterfor, "Normativa y entrevistas sobre formación profesional del algunos países latinoamericanos y del Caribe", elaborada por Humberto Henderson.

103 Contra: Henderson, Humberto, Fomento de la formación e inserción laboral de los jóvenes, Colección Texto y Contexto N° 34, FCU, Mdeo., 1999, p. 47, nota N° 62, in fine.

104 Barbagelata, H-H, Derecho del Trabajo, T. II, cit., p. 50, Raso Delgue, J., op. cit., p. 136.

reglamentar un sistema coordinado de formación profesional teórica y práctica. Las notorias deficiencias que en materia de técnica legislativa presentaba la norma y la carencia de atractivos que fomentaran la utilización de esta modalidad contractual, terminaron por relegar en el olvido esta iniciativa.

3. Formación profesional y los contratos previstos en la "Ley de empleo juvenil" (N° 16.873)

3.1. Consideraciones generales: elementos comunes a los diversos tipos contractuales

60. La ley N° 16.873, de fecha 3 de octubre de 1997 y su decreto reglamentario, N° 318/998, del 4 de noviembre de 1998, crearon cuatro diferentes tipos contractuales que guardan relación con la formación profesional y, más específicamente, con la inserción laboral de los jóvenes.

El mecanismo se inserta en la tendencia del Derecho comparado de intentar promover o facilitar la inserción de los jóvenes en el mercado de trabajo, sea con la finalidad de que éstos logren complementar razonablemente el proceso de adquisición de conocimientos que han desarrollado o desarrollan en el ámbito académico, sea con la finalidad de disminuir el impacto que el desempleo provoca entre la población juvenil.[105] Por lo general, estas soluciones son acompañadas de ciertos incentivos para que las empresas se sientan atraídas a su utilización,[106] circunstancia que ha determinado que en algunos casos las mismas terminaran convirtiéndose en instrumentos de mera flexibilización laboral.[107]

61. Los contratos previstos en la ley N° 16.873[108] son los siguientes:

105 Cfe. Casas, Emilia; de Munck, Jean; Hanau, Peter; Johansson, Anders; Meadows, Pamela; Mingione, Enzo; Salais, Robert; Supiot, Alain (Coordinador) y van der Heijden, Trabajo y Empleo, Transformaciones del trabajo y futuro del Derecho del Trabajo en Europa (Informe para la Comisión Europea), Ed. Tirant lo Blanch, Valencia, 1999, p. 68 y ss. En adelante será citado como "Informe Supiot para la CE".

106 Un repaso sintético de los diversos incentivos que habitualmente acompañan a estas modalidades contractuales, puede verse en Henderson, Humberto, Fomento de la formación e inserción laboral de los jóvenes, cit., p. 69. Algunos ejemplos concretos también pueden consultarse en Garmendia Arigón, Mario, Legislación comparada sobre..., cit., p. 91 y ss.

107 Cfe. Raso Delgue, op. cit., p. 139-140. Al respecto también pueden consultarse las referencias expuestas en el llamado Informe Supiot para la CE, donde se identifican especialmente las situaciones de España e Italia, como aquellas en las que diversas modalidades contractuales de aprendizaje que se han reglamentado sólo parecen haber oficiado como instrumentos de precarización del empleo, sin alcanzar a cumplir satisfactoriamente sus finalidades formativas. En otros ejemplos mencionados en el Informe (Suecia, Francia, Reino Unido, Alemania) se expone la escasa difusión que estos tipos contractuales han tenido, debido a la creciente disminución del interés de los empleadores en el sentido de impartir formación de manera metódica. Op. cit., p. 69 y 70.

108 Cuyo ámbito de aplicación subjetivo queda definido mediante la técnica legislativa residual que aplica el artículo 35 de la ley, donde se expresa que sus disposiciones "...no serán de aplicación a las modalidades contractuales que celebren organismos públicos estatales como empleadores, con excepción de lo previsto

- El contrato de práctica laboral para egresados;
- Las becas de trabajo;
- El contrato de aprendizaje; y
- El contrato de aprendizaje simple.

62. Antes de ingresar en el análisis de las particularidades que presenta cada uno de estos tipos contractuales, es conveniente referir brevemente a los rasgos comunes que exhiben todos ellos, los que pueden sintetizarse del siguiente modo:

a. Todos los contratos son remunerados y de duración máxima determinada por la propia norma legal.[109] Por otra parte, en ninguno de los casos el trabajador puede recibir un salario inferior al mínimo que para su categoría corresponde abonar en la empresa;[110]

b. Todos los contratos deben pactarse por escrito (artículos 5, 12, 15 y 24 de la ley) y es obligatorio su registro en la Inspección General de Trabajo y la Seguridad Social del MTSS, unidad que también se encarga de su control (artículo 31 de la ley y artículo 42, del decreto reglamentario, que crea el Registro de Contratos de Formación e Inserción Laboral para Jóvenes).

Será sólo a partir de que se efectivice el registro referido que las empresas resultarán beneficiarias de los incentivos tributarios que prevé la ley (artículo 37 del decreto reglamentario). A partir de esta circunstancia, así como de la redacción del artículo 1° del decreto reglamentario, se infiere que la inscripción del contrato en el registro constituye una carga de las empresas;

c. Las condiciones que deben cumplir las empresas a los efectos de contratar y registrar los contratos en cualquiera de las mencionadas modalidades, son las siguientes:

en los artículos 11 y 26 de la presente ley". De este modo, se infiere que las disposiciones de la ley son aplicables a todos los empleadores de la actividad privada e inclusive a las personas públicas no estatales. Cfe. Henderson, H., Fomento de la formación..., cit., p. 19. Sin embargo, no sin razón, apunta Raso Delgue que debido a que los beneficios previstos en la ley consisten en exoneraciones de aportes al Banco de Previsión Social, sus disposiciones carecerían de virtualidad respecto de empleadores que no aportan al Organismo (sector de la banca y escribanos públicos). Raso Delgue, J., op. cit., p. 141. Como complemento, corresponde señalar que resulta difícil de comprender la referencia que el citado artículo 35 realiza a las supuestas "excepciones" que se derivarían de lo previsto en los artículos 11 y 26 de la ley. Si bien en estas disposiciones aparecen mencionados determinados organismos estatales, en ningún caso la referencia se realiza en su carácter de empleadores, única circunstancia que habilitaría su inclusión en las previsiones legales.

109 Sin embargo, el plazo varía según cada modalidad contractual. En el caso de la práctica laboral para egresados y en el aprendizaje simple, la ley también prevé la existencia de plazos mínimos.

110 El artículo 41 de la ley N° 16.873, dispone la imposibilidad de contratar jóvenes con carácter de destajistas en cualquiera de las modalidades previstas. A pesar de que la disposición resulta a todas luces razonable y justificada, habida cuenta la incompatibilidad que existe entre el sistema de remuneración a destajo y cualquier modalidad de aprendizaje laboral, debe señalarse que la previsión reglamentaria resulta claramente ilegal, pues el punto no está contemplado en la ley N° 16.873.

c.1. Deben estar en situación regular de pagos con las contribuciones especiales de la seguridad social (artículo 1°, literal "a" de la ley), debiéndose acreditar este extremo mediante la presentación ante la IGTSS del correspondiente certificado que expide el BPS (artículo 2 del decreto reglamentario);

c.2. No haber efectuado, en los sesenta días anteriores a la contratación ni efectuar durante el decurso de la misma, despidos ni envíos al seguro por desempleo de personal permanente que realice iguales o similares tareas a las que el joven contratado vaya a realizar en el establecimiento (artículo 1°, literal "b" de la ley).[111] Estos extremos se acreditan mediante declaración jurada (artículo 3 del decreto reglamentario);

c.3. Salvo autorización previa en contrario, deben tener, al menos, un año de actividad en el país (artículo 1°, literal "c" de la ley), circunstancia que también puede acreditarse mediante declaración jurada (artículo 3 del decreto reglamentario); y

c.4. El porcentaje de contratados bajo cualquiera de las modalidades no puede exceder el 20% del total de los trabajadores de la empresa (artículo 1°, literal "d" de la ley), circunstancia que debe acreditarse ante la IGTSS mediante la presentación de la correspondiente planilla de trabajo (artículo 7 del decreto reglamentario). El porcentaje indicado deberá apreciarse al momento de la inscripción del contrato ante la IGTSS;

d. Los jóvenes contratados deben ser inscriptos en el Banco de Previsión Social y deben ser asegurados contra accidentes de trabajo ante el Banco de Seguros del Estado (artículo 2° de la ley). Además y sin perjuicio de lo indicado en el siguiente literal, estos jóvenes gozan de todos los derechos y beneficios establecidos con carácter general para los trabajadores de la actividad privada, incluyendo las prestaciones de seguridad social, a excepción del seguro por desempleo (artículo 2° de la ley);

e. Si la relación finaliza por el agotamiento del plazo pactado, el empleador queda eximido del pago de indemnización por despido (artículo 27 de la ley). Esto podría habilitar a sostener que la norma legal introduce un elemento de *flexibilización en el egreso.* Sin embargo, siguiendo a Henderson,[112] debe recordarse que según ha interpretado invariablemente la doctrina y la jurisprudencia, la exoneración de pago de la indemnización por despido en caso de expiración del plazo de los contratos a término, se encuentra prevista en la legislación uruguaya

111 En el artículo 5 del decreto reglamentario se establece que se consideran tareas similares aquellas que podría haber desarrollado, dentro de su categoría laboral, el trabajador que fue despedido o enviado al seguro por desempleo.

112 Henderson, Humberto, Fomento de la formación..., cit., p. 73 y 74.

desde el año 1944 (artículo 1°, numeral 2, de la ley N° 10.570), circunstancia por la cual no parece posible entender que esta ley de empleo juvenil haya innovado en este sentido.

En caso de rescisión anticipada (artículos 26 y 28 de la ley), se generarán dos tipos de consecuencias: por una parte, en el plano estricto de la relación entre el empleador y el trabajador, deberá estarse a los criterios aplicables con carácter general al incumplimiento contractual y, en consecuencia, salvo que mediare justa causa, el empleador quedará obligado a responder por los daños y perjuicios ocasionados (artículo 1839 del Código Civil).[113]

Por otra parte, y debido a que la ruptura *ante tempus* provoca el resultado de la pérdida de los beneficios tributarios que para el empleador se establecen en la ley, el artículo 38 del decreto reglamentario prevé que el empleador comparezca -en el plazo de cinco días hábiles- ante la Inspección General del Trabajo y de la Seguridad Social, para comunicar la ruptura y explicar los motivos de la misma. Lo previsto en el decreto constituye una carga para el empleador, puesto que si éste logra acreditar ante la Inspección de Trabajo que el motivo del cese fue la notoria mala conducta del trabajador, conservará el beneficio de la exoneración de aportes oportunamente generado.[114]

f. La ley prohíbe expresamente la recontratación en la misma o distinta empresa, *bajo la misma modalidad contractual* (artículo 28° de la ley). A este respecto, corresponde señalar que el artículo 44 del decreto reglamentario incurre en una ilegalidad al proscribir que un joven pueda beneficiarse *con más de una de las modalidades contractuales* previstas en la ley, pues es muy claro que la referencia resulta de mayor amplitud que la prevista en el texto legal.[115] Si vencido el plazo contractual, el trabajador continúa trabajando, la relación se transforma en definitiva y pasa a regirse por toda la normativa laboral y previsional vigente.

3.2. *Incentivos para las empresas*

63. En la línea de lo que en general acontece en el Derecho comparado, la ley uruguaya previó la existencia de incentivos con la finalidad de atraer a las empresas hacia la utilización de estas modalidades contractuales.

113 Cfe. Henderson, H., Fomento de la formación..., cit., p. 74 y 75.

114 Según Henderson, el decreto reglamentario habría instaurado una suerte de procedimiento cuasi jurisdiccional, que en cuanto a la pertinencia o no de efectuar el reintegro de los beneficios oportunamente generados, quedaría regulado por las previsiones de los decretos N° 680/977 y N° 500/991. En todo caso, debe ratificarse con especial énfasis lo apuntado por este autor, en cuanto a que lo decidido en el ámbito administrativo en referencia a la eventual existencia de una notoria mala conducta, en modo alguno resulta vinculante para la Justicia del trabajo. Henderson, H., Fomento de la formación..., cit., p. 76.

115 Cfe. Henderson, H., Fomento de la formación..., cit., p. 78.

En esencia, los mismos consisten en que el empleador que contrate en alguna de estas modalidades y siempre que cumpla estrictamente con las disposiciones legales, queda exonerado del pago de *aportes jubilatorios* y, asimismo, de los aportes que tienen por destino el *seguro social por enfermedad* (artículo 26 de la ley).

A este respecto, conviene puntualizar que la exoneración solamente alcanza a los aportes patronales, de modo que quienes sí deben efectuar aportes a la seguridad social son los jóvenes contratados, quedando los empleadores obligados -como acontece en general con el resto de los trabajadores- a oficiar como agentes de retención a su respecto.

Sin embargo, estos beneficios se pierden si el empleador rescinde unilateralmente la relación laboral antes del vencimiento del plazo, en cuyo caso, queda obligado a reintegrar al Banco de Previsión Social los aportes antes mencionados.[116]

3.3. *El contrato de práctica laboral para egresados*

64. La ley N° 16.873 dedica el Capítulo II (artículos 4 a 9, inclusive) a la regulación del *contrato de práctica laboral para egresados*. El mismo está dirigido a jóvenes de hasta 29 años de edad, que posean una formación previa y se encuentren en la búsqueda de su primer empleo vinculado con la titulación que ostentan. La finalidad de este contrato, consiste en que el joven pueda acceder a la posibilidad de realizar trabajos prácticos que sean complementarios de la formación adquirida en el nivel académico y esto le permita aplicar sus conocimientos teóricos.

De este modo, los elementos, requisitos y finalidades típicas de este contrato, son las siguientes:

a. En cuanto a la edad del "practicante", la misma fue fijada en un máximo de 29 años (artículo 4° de la ley). En este sentido, resulta evidente que se trata de un tope superior al establecido para el resto de las modalidades contractuales e inclusive superior al que habitualmente se maneja como parámetro definidor del concepto de "joven". Esto se debe a que esta modalidad contractual exige que el beneficiario ya sea un egresado (artículo 4°), es decir, que debe haber culminado sus estudios y poseer una titulación acreditante de dicha circunstancia.[117]

b. Según viene de decirse, el beneficiario debe poseer una titulación que acredite la culminación de sus estudios. Respecto de este requisito deben señalarse dos consideraciones:

116 Esto sin perjuicio de lo ya expuesto en cuanto a la posibilidad del empleador de acreditar ante la Inspección General del Trabajo y la Seguridad Social que la ruptura se debió al hecho de haber incurrido el trabajador en notoria mala conducta.

117 Cfe. Henderson, H., Fomento de la formación..., cit., p. 33.

b.1. En primer lugar, constituye una condición para la viabilidad de este contrato, que el beneficiario no haya desempeñado anteriormente alguna actividad laboral relacionada con la titulación que ostenta (artículo 4° de la ley [118]). El fundamento de esta condición no resulta difícil de compartir: se trata de promover el ingreso al mercado de trabajo de aquellos egresados que puedan encontrar dificultades para hacerlo, evitando beneficiar a quienes en realidad puedan tener el camino allanado a este respecto;

b.2. En segundo lugar, la titulación debe acreditar que el joven trabajador sea egresado de universidades, centros públicos o privados habilitados de formación docente, centros de enseñanza técnica, comercial, agraria o de servicios. El requisito previsto en el artículo 7 de la ley, se complementa con lo establecido en el artículo 15 del decreto reglamentario, que dispone que el adjetivo "*habilitado*" que en la ley se refiere a los centros privados de formación docente, supone cumplir con los siguientes requisitos:
-los previstos por el decreto N° 308/995, del 11 de agosto de 1995;
-los reglamentados por ANEP-Consejo de Educación Técnico Profesional;
-las exigencias de calificación previstas en el Registro de Entidades de Capacitación de la Dirección Nacional de Empleo (DINAE). La propia DINAE deberá determinar los requisitos que deberán cumplir las Instituciones y Cursos de Formación Técnico Profesional.

c. En el contrato -que al igual que acontece en el resto de las modalidades contractuales previstas en la ley-, debe pactarse por escrito y en él deberá necesariamente constar la práctica a realizarse y su duración;

d. El puesto de trabajo y la práctica laboral deben ser adecuados a las características y nivel de la formación que posea el practicante (artículo 8°);[119]

e. La duración del contrato no podrá ser menor a los tres meses ni superior a los doce (artículo 5° de la ley). En el artículo 6° a su vez se establece un segundo límite temporal, consistente en la prohibición de que un practicante pueda ser contratado en la misma o diferente empresa por un período superior a doce meses en virtud de la misma titulación.

f. Una vez finalizada la relación,[120] el empleador debe entregar al practicante, una constancia que acredite "la experiencia adquirida por el joven practicante en el puesto de trabajo así como la asistencia, el comportamiento y la adaptación al trabajo" (artículo 9° de la ley).

118 La disposición refiere a que los beneficiarios deben ser personas que estén "...en busca de su primer empleo vinculado con la titulación que posean..."
119 Acerca de este aspecto, ver *supra*, Capítulo III, numerales 2.3 y 2.4.
120 Independientemente de que esta circunstancia haya estado motivada en la finalización del plazo contractual o en la ruptura *ante tempus* del vínculo. Cfe. Henderson, H., Fomento de la formación..., cit., p. 37, nota N° 45.

Más allá de los cuestionamientos que la disposición citada podría merecer en cuanto a la amplitud y subjetividad que el tipo de comentarios a incluir en la constancia pueden presentar (que podrían prestarse para la práctica de discriminaciones) debe señalarse la incorrección que implica pretender que el empleador esté en condiciones de dejar constancia de la *experiencia adquirida* por el practicante.

A lo sumo, el empleador podrá describir las tareas realizadas por el trabajador, pero difícilmente esté en condiciones de evaluar en qué medida el practicante logró *adquirir habilidades* a partir de ellas. Por otra parte, cabe preguntarse qué valor debería otorgarse a esta constancia en caso que el empleador se sintiera en condiciones de realizarla en los términos que indica la ley y cuál sería el ámbito de las responsabilidades jurídicas que el contenido de dicho documento podría aparejar.[121]

3.4. *Las becas de trabajo*

65. Esta modalidad está prevista en el Capítulo III de la ley N° 16.873 (artículos 10 a 13, inclusive) y está dirigida a jóvenes de entre 15 y 24 años de edad, pertenecientes a sectores sociales de bajos ingresos, para que logren vincularse al medio laboral y así realicen una adecuada primera experiencia laboral.

En este caso se establece un vínculo de carácter triangular, conformado entre:

-por una parte, el Instituto Nacional del Menor (INAME), el Instituto Nacional de la Juventud (INJU) o la Administración Nacional de Educación Pública (ANEP),

-por otra parte, entidades empresariales públicas o privadas y

-por otra parte, un joven de entre 15 y 24 años de edad, perteneciente a un sector de población especialmente desfavorecido y que, además, se encuentre en situación de desempleo.[122]

66. Según se ha señalado, la finalidad de esta modalidad de contratación, consiste en que el joven que se encuentra en la situación antes descrita, tome un primer contacto con el mundo del trabajo, procurándose que el mismo tenga el carácter de *adecuado*.

Según se expone en el decreto reglamentario (artículo 17), la circunstancia de que esta primera experiencia laboral sea *adecuada*, supone que mediante la misma, el joven pueda adquirir o desarrollar actitudes y hábitos de trabajo, de tal forma que esto le permita mejorar sus posibilidades de empleabilidad futura.

121 Por ejemplo, frente al practicante, frente a la Institución en que éste se formó, frente a otras empresas que en el futuro pudieran tomarla en consideración, etc.

122 Ver al respecto, Henderson, H., Fomento de la formación..., cit., p. 38 y 39.

En el caso de la beca de trabajo, se asiste a una modalidad contractual en la que sólo sería posible detectar finalidades vinculadas con la formación profesional si se define este último concepto con un criterio amplio. La meta que a este respecto se persigue mediante la beca de trabajo es bastante más modesta en cuanto a sus alcances, que la que puede advertirse en cualquiera de los otros tipos contractuales que reglamenta la ley, pero lejos de que esto implique suponer que su trascendencia es menor, en realidad encierra una importancia social muy relevante.

En todo caso, dejando asentadas estas consideraciones y habida cuenta que el objetivo del presente análisis es enfocar en concreto las cuestiones relacionadas con la formación profesional, corresponde remitir al lector a los trabajos que con mayor amplitud han abordado esta temática.[123]

3.5. *El contrato de aprendizaje*

67. Recogiendo en gran medida los elementos que fueran descritos por la doctrina como tipificantes del contrato de aprendizaje[124] y ajustándose a las líneas que a este respecto adoptan las normas internacionales de la OIT, la ley N° 16.873 dedica el Capítulo IV (artículos 14 a 20, inclusive) a la reglamentación del contrato de aprendizaje.

Está dirigido a personas no mayores de 29 años y se trata de un vínculo de carácter temporal, en virtud del cual el empleador queda obligado a ocupar al aprendiz y brindarle -directamente o a través de la delegación de esta actividad en un tercero- una enseñanza íntegra y metódica, en relación con un oficio calificado o profesión, que implique el seguimiento de un programa previamente definido por una institución de formación técnico-profesional. Por su parte, el aprendiz queda obligado a trabajar al servicio de dicho empleador.

68. En este caso la formación profesional se presenta como el eje principal del contrato, debiendo poseer la misma determinadas características particulares, relativas a su nivel y modalidades mediante las cuales debe ser impartida.

Conforme a la naturaleza típica del contrato de aprendizaje, el empleador asume, en esencia, dos obligaciones suplementarias a las propias de todo contrato de trabajo:

-Por una parte, la obligación de *ocupar* al aprendiz. Obsérvese que la ley no se limita a utilizar la expresión *contratar* o *emplear*, sino que recurre al término *ocupar*, de lo cual se deriva que en este caso particular el aprendiz tiene derecho a recibir una ocupación efectiva. Como habrá de verse, esta ocupación debe tener

123 Henderson, H., Fomento de la formación..., cit., p. 38 y ss., Raso Delgue, J., op. cit., p. 145-147.
124 Ver supra, Capítulo III, numeral 2.3.

relación con las características de la formación profesional que constituirá el objeto del aprendizaje.

-Por otra parte, el empleador queda obligado a brindar una formación profesional *íntegra* y *metódica*, adjetivos mediante los cuales se enfatiza la circunstancia de que esta formación no puede consistir meramente en una consecuencia natural del hecho de trabajar.[125]

69. De este modo, los elementos, requisitos y finalidades típicas de este contrato, son las siguientes:

a. En cuanto al aprendiz, el único requisito que desde el punto de vista subjetivo establece la ley, consiste en que debe tratarse de una persona no mayor de 29 años. Si bien podría suponerse que debido a las características de este tipo contractual, el aprendiz debería ser una persona que ya se encuentra recibiendo formación en una institución educativa,[126] en puridad debe señalarse que la ley no exige este requisito a texto expreso y en consecuencia, debe admitirse que el aprendiz dé comienzo a su proceso formativo concomitantemente con el inicio de este contrato laboral especial.[127]

b. El contrato, que como en todos los demás casos debe pactarse por escrito, vincula a tres sujetos: el aprendiz, el empleador y una institución de formación técnico-profesional pública o privada habilitada (artículo 15 de la ley). Según el artículo 25 del decreto reglamentario, cuando las instituciones de formación técnico-profesional sean privadas, los contratos deberán ser previamente autorizados por la Junta Nacional de Empleo (JUNAE), estableciéndose como condición en estos casos y a tales efectos, que la institución formativa figure inscripta en el Registro de Entidades de Capacitación de la Dirección Nacional de Empleo.[128]

125 La referencia a la integridad de la formación profesional que debe recibir el aprendiz puede resultar de interpretación un tanto dificultosa. Según Henderson, esto implica que "...la misma debe ser acabada y no parcial o fragmentaria de acuerdo a un programa establecido". Fomento de la formación..., cit., p. 49. En realidad, la expresión adquiere un significado más preciso cuando se advierte su ausencia en el aprendizaje simple, modalidad contractual donde predomina la formación práctica. De este modo, podría suponerse que la integridad está refiriendo a la complementariedad entre el aprendizaje práctico y teórico. El término también evoca algunas otras consideraciones relacionadas con los principios de adecuación a la realidad, integralidad, instrumentalidad y especialmente, antropocentrismo. Al respecto, ver supra, Capítulo I, numeral 3.

126 Algunas disposiciones de la ley parecen dar este punto por sobreentendido. Así, por ejemplo, el artículo 16 de la ley, al determinar las condiciones a las que debe ajustarse el plazo de duración del contrato, hace referencia a "...los conocimientos de base que posee el aprendiz..." Por otra parte, no parece demasiado probable -aunque no es imposible- que una institución formativa esté dispuesta a asumir la responsabilidad del proceso de formación (artículo 15 de la ley) respecto de un aprendiz al que no conoce de antemano y al que no ha tenido oportunidad de brindar una formación previa.

127 No obstante, es claro que el contrato de aprendizaje requiere un complemento formativo teórico, puesto que el artículo 15°, literal E) de la ley, exige que en el contrato se establezcan las "Formas de coordinación y supervisión del aprendizaje teórico y práctico".

128 Este registro fue creado por el decreto N° 211/993, de fecha 12 de mayo de 1993, reglamentario de la ley N° 16.320 en cuanto creadora de la Dirección Nacional de Empleo.

No rigen estos requisitos cuando la institución de formación técnico-profesional tenga participación pública en su dirección o se encuentre bajo la supervisión de instituciones públicas.[129] Es importante resaltar que, según se indica en el artículo 15° de la ley, la institución de formación técnico-profesional es la responsable del proceso de formación.[130]

c. En el contrato debe indicarse (artículo 15 de la ley):

c.1. El oficio o profesión para cuya formación ha sido contratado el aprendiz. Según surge de la definición de este tipo contractual (artículo 14), en todo caso el oficio debe ser *calificado*, adjetivo que atribuye un determinado sesgo y nivel a la formación a recibir por parte del aprendiz.

c.2. El plazo del contrato, cuya duración máxima no podrá superar los 24 meses. Sin perjuicio del establecimiento de este límite máximo de duración, la ley introduce una fórmula amplia para la determinación del plazo contractual, ajustándolo a tres criterios fundamentales: las características de los planes y programas de formación que habrán de desarrollarse, las exigencias de calificación que se aspira contemplar y los conocimientos de base que posea el aprendiz.

Estas disposiciones deben complementarse con lo establecido en el inciso 3 del artículo 16° de la ley, en el que se indica que "En los casos de enfermedad, accidente de trabajo o maternidad, [el plazo del contrato] se prorrogará por un tiempo igual al que haya durado la licencia por enfermedad, accidente de trabajo o maternidad, debiéndose justificar la atención por el Banco de Previsión Social o por el Banco de Seguros del Estado". Se trata de una disposición cuyo fundamento responde claramente a las finalidades que se persiguen a través de este contrato, siendo lamentable la circunstancia de que la misma solución no se haya adoptado respecto de los demás tipos contractuales.[131]

El artículo 18° de la ley permite que se pacte un período de prueba, el que no podrá superar los noventa días y cuyo cómputo quedará incluido dentro del plazo máximo que dispone la ley.

c.3. La forma y el monto de la remuneración que habrá de percibir el aprendiz. Con respecto a este extremo, debe recordarse lo ya señalado en cuanto a

129 Al establecerse las excepciones a la exigencia de contar con la autorización señalada, el último inciso del artículo 25 del decreto reglamentario presenta un error de redacción, pues menciona a las "instituciones de formación técnico-profesional públicas y privadas...", siendo un sinsentido que en este caso se haga referencia a las instituciones públicas.

130 Sin embargo, esto no quiere decir que el empleador quede exonerado de toda responsabilidad derivada de la ejecución del contrato de aprendizaje. Por el contrario, como sujeto del vínculo laboral de aprendizaje, el empleador asumirá todas las obligaciones comunes a los contratos de trabajo y las especiales que se derivan de esta modalidad contractual.

131 Al respecto, ver Henderson, H., Fomento de la formación..., cit., p. 56. Recurriendo a fundamentos compartibles, el autor entiende que a pesar de la omisión legal, la razonabilidad impone idéntica solución en los demás casos.

que todas las modalidades contractuales que se consagran en la ley en análisis, prevén la existencia de remuneraciones salariales, las que en ningún caso pueden ser inferiores a las mínimas que para la categoría corresponde abonar en la empresa contratante. También debe recordarse la disposición contenida en el artículo 41 del decreto reglamentario, que prohibe la remuneración a destajo, totalmente compartible en cuanto a sus fundamentos pero -como ya fuera indicado- de dudosa legalidad.

c.4. Los días y horarios de trabajo y las tareas a desarrollar por el aprendiz. En cuanto al tiempo de trabajo, a la exigencia de su determinación expresa en el contrato debe agregarse que lo pactado en el mismo debe ajustarse estrictamente a las disposiciones generales en la materia, entre las cuales adquieren particular trascendencia en la especie, aquellas relativas a la regulación del tiempo de trabajo de los menores. Complementariamente, deberá tenerse en cuenta que el artículo 17 de la ley, habilita a que convencionalmente se acuerde que el tiempo destinado a la formación teórica (fuera del establecimiento) del aprendiz, se compute como tiempo efectivamente trabajado "a todos los efectos".[132] En cuanto a las tareas a desarrollar por el aprendiz y a pesar de que no fue expresamente indicado por la ley (como sí acontece con respecto a la modalidad contractual de la "práctica laboral para egresados" -artículo 8° de la ley), debe considerarse una condición en tal sentido, que las tareas a encomendarse al aprendiz, guarden directa relación con el programa de formación cuyo desarrollo constituye el objeto del contrato.

c.5. Las formas de coordinación y supervisión del aprendizaje teórico y práctico. Siguiendo a Henderson, "este aspecto es estrictamente indispensable para un adecuado funcionamiento de esta modalidad contractual. Tanto la coordinación entre la empresa y la IFTP, como la supervisión de esta última en el trabajo efectivo, son de extrema utilidad para el contrato cumpla con su cometido original, esto es, la capacitación laboral del joven. La coordinación es recomendada por la OIT en forma particular para este contrato".[133]

d. Finalizado el aprendizaje, la institución de formación técnico-profesional debe expedir al aprendiz un certificado en el que habrá de constar la naturaleza, duración y finalidad de la formación profesional obtenida por éste. El empleador, por su parte, deberá extender una constancia en la que se indicará la práctica desarrollada en la empresa.

132 Además de innecesaria (puesto que en la medida que favorece al trabajador, no resultaba indispensable que la ley autorizara expresamente este acuerdo de partes) no parece augurable a esta disposición una eficacia práctica demasiado rica, en la medida que no está acompañada de ningún atractivo para el empleador.

133 Henderson, H., Fomento de la formación..., cit., p. 53.

3.6. *El contrato de aprendizaje simple*

70. La última modalidad contractual prevista en la ley N° 16.873 es la denominada "aprendizaje simple". A su regulación está destinado el Capítulo V (artículos 21 a 25, inclusive) y consiste en un tipo contractual destinado a jóvenes de hasta 25 años de edad a quienes un empleador se obliga a proporcionar trabajo e impartir capacitación en forma metódica durante un período determinado, brindando al aprendiz los conocimientos prácticos necesarios para el desempeño adecuado de un oficio o puesto de trabajo calificado.

En este caso no se encuentra presente la institución de formación técnico-profesional, sino que solamente se vinculan, de manera directa, el aprendiz con el empleador. Sin embargo, esto no disminuye la trascendencia que posee la formación profesional como elemento nuclear y definidor de esta modalidad contractual.

71. Si bien de las características de este contrato se infiere que la formación profesional que pretende desarrollarse mediante el mismo posee un nivel inferior a la que aspira a desarrollarse mediante la anterior modalidad de aprendizaje, sin embargo su presencia resulta singularmente definidora de ciertos elementos trascendentes de esta figura.

En tal sentido, la formación que el empleador se obliga a brindar en este caso es de carácter eminentemente práctico y su finalidad consiste en permitir que el aprendiz adquiera los conocimientos que le permitan "...el desempeño adecuado de un oficio o puesto de trabajo calificado" (artículo 21 de la ley). Sin embargo, esto no enerva la obligación del empleador de que dicha formación sea brindada con carácter *metódico,*[134] condición que se desarrolla en el decreto reglamentario, donde se señala que la misma implica el desarrollo de un Plan de Aprendizaje.[135]

Por otra parte, la importancia que posee la finalidad formativa en este contrato también queda en evidencia a partir de la exigencia de que el empleador designe un instructor con el cometido de brindar los conocimientos a los aprendices,[136] privilegiando la personalización del proceso de enseñanza-aprendizaje

134 Aunque -como se adelantara- en este caso no se encuentra presente el adjetivo "íntegro". Esto se debe a que en la modalidad del aprendizaje simple, los conocimientos a adquirir por el aprendiz son eminentemente prácticos y no necesariamente estarán acompañados de un complemento teórico.

135 En el que se especificará la capacitación que se impartirá, la especialización técnico-profesional o idoneidad del instructor y el lugar y las facilidades a otorga al aprendiz para la formación (artículo 29). Este plan requiere la autorización de la Junta Nacional de Empleo, entidad que, además se encargará de su seguimieno y evaluación (artículo 30) y en su elaboración, las empresas podrán recibir asesoramiento de entidades de capacitación públicas o privadas inscriptas y calificadas en el Registro de Entidades de Capacitación de la Dirección Nacional de Empleo (artículo 32).

136 Según se desprende del artículo 24 de la ley, este instructor debe poseer una especialización técnico-profesional. Cfe. Henderson, H., Fomento de la formación..., cit., p. 61.

mediante la fijación del número máximo de aprendices que cada instructor puede tener a su cargo.[137]

72. En este caso también se explicita el deber del empleador de ocupar efectivamente al aprendiz, e incluso se indica que la tarea a adjudicar a este último debe resultar adecuada al aprendizaje objeto del contrato "...no pudiendo emplearse el aprendiz en tareas ajenas al objeto del mismo, o que de cualquier manera difieran de su categoría laboral".

Por su parte, el aprendiz queda obligado a trabajar para el empleador, debiendo declarar en el contrato (según se indica en el artículo 35 del decreto reglamentario) que al momento de su celebración no realizan estudios en organismos públicos o privados que tengan que ver con el aprendizaje a desarrollar y que no poseen titulación respecto del mismo.[138]

73. El plazo del aprendizaje simple deberá determinarse en el contrato y el mismo no podrá ser inferior a cuatro meses ni superior a seis, término que deberá guardar relación con las características de la formación que pretenda impartirse (artículo 25 de la ley).

La brevedad del plazo máximo permitido por la ley refuerza la idea de que mediante esta modalidad no se aspira a que necesariamente el aprendiz adquiera una formación profesional elevada, sino tan solo la suficiente idoneidad como para desempeñarse en un puesto de trabajo calificado. Sin embargo, la imposición de un plazo mínimo también es indicativa de la intención del legislador de que la modalidad contractual posea un desarrollo más o menos acorde a ciertas elementales exigencias formativas.

Asimismo, el artículo 34 del decreto reglamentario prevé la posibilidad de que en el contrato se pacte la existencia de un período de prueba, el que no podrá ser superior a la sexta parte del plazo estipulado en el contrato. Se trata de una interesante solución en cuanto acude a un criterio de proporcionalidad para establecer la extensión máxima del período de prueba. Sin embargo, en la medida que la ley establece un plazo mínimo de cuatro meses, debe interpretarse que en ningún caso este período de prueba podrá ser inferior a dicho término.[139]

137 Hasta tres en caso de que el instructor también desempeñe otras tareas y hasta diez cuando el mismo esté exclusivamente abocado a esta actividad específica (artículo 23 de la ley).

138 Henderson elogia esta disposición del decreto reglamentario señalando que "...la misma es muy adecuada, en tanto debe buscarse que el joven convenga el contrato que corresponda de acuerdo a su actual situación educativa y laboral". Fomento de la formación..., cit., p. 62. Sin embargo, es necesario señalar las dudas que despierta la legalidad de la disposición referida, en la medida que, más allá de lo que puede inferirse acerca de la naturaleza y finalidades de esta modalidad contractual, en la ley que se reglamenta no existe referencia alguna a la prohibición de que el aprendiz se encuentre cursando o haya culminado, estudios relacionados con el oficio cuyos conocimientos prácticos desea adquirir.

139 El principio de conservación de los actos jurídicos indica que entre dos posibles interpretaciones de una norma, el intérprete siempre debe optar por aceptar aquella que salve la validez de la misma y -consecuentemente- descartar la que determine su ineficacia. En el caso, una interpretación diferente de la propuesta

74. Finalmente, el artículo 36 del decreto reglamentario dispone que una vez culminado el contrato, el empleador debe expedir al aprendiz una constancia en la que asentará la experiencia adquirida por el joven, su asistencia, comportamiento y adaptación al trabajo. Además de reiterar lo ya expresado en cuanto a la inconveniencia que representa la abundancia de elementos subjetivos en este tipo de constancias, debe señalarse que en este caso la condición planteada por la norma reglamentaria carece de respaldo legal y por lo tanto su exigibilidad al empleador resulta en extremo dudosa.

3.7. *Comentarios finales*

75. Las modalidades contractuales previstas en la ley N° 16.873 contemplan razonablemente la finalidad de conectar el mundo de la formación profesional escolar o académica, con el mundo del trabajo real. En ella es posible apreciar la preocupación por acercar estos dos ámbitos en los que habitualmente se desarrollan las actividades formativas, reflejando de este modo correctamente los principios de *adecuación a la realidad* e *instrumentalidad*.[140]

Los diversos tipos contractuales que se desarrollan en la ley extienden un amplio abanico de posibilidades para prever las necesidades de los jóvenes que se encuentran en situaciones diferentes e inclusive están previstas alternativas adecuadas para brindar un tratamiento específico a quienes padecen circunstancias particularmente desfavorables que les perjudican.[141] En todas estas modalidades es posible apreciar el propósito de evitar que se desvirtúen las finalidades de formación profesional que intentan alcanzarse mediante su desarrollo.

76. Los comentarios críticos que sobre la ley se han vertido, en cuanto a que la misma constituiría un eslabón flexibilizador del Derecho del trabajo uruguayo, no parecen encontrar fundamentos suficientemente gravitantes a partir de una lectura objetiva de su texto.

En tal sentido y sin perjuicio de la existencia de algún detalle de carácter secundario,[142] no se advierte que la ley introduzca elementos de flexibilización distintos de los que tradicionalmente han desplegado su eficacia en nuestro país.

determinaría necesariamente la ilegalidad del decreto reglamentario en este sentido. Sobre el punto también puede consultarse la reiteradamente citada obra de Henderson, donde el autor deja planteada su duda acerca de si efectivamente "...el término de cuatro meses que establece el artículo 25 de la ley opera como un plazo mínimo..." Fomento de la formación..., p. 62.

140 Ver supra, Capítulo I, numerales 3.1 y 3.4.

141 De conformidad con el principio de igualdad. Ver supra, Capítulo I, numeral 3.5.

142 Como por ejemplo la ya comentada referencia que el artículo 30 realiza a la facultad empresarial de rescindir el contrato durante el período de prueba "sin responsabilidad alguna", la que, por otra parte, no innova respecto de lo que constituye una tendencia jurisprudencial constante acerca de las facultades rescisorias del empleador durante el mencionado período.

Por el contrario, la ley optó por incentivar la utilización de los contratos mediante la reglamentación de exoneraciones de aportes a la seguridad social, solución que, en principio no parece hacerse acreedora a cuestionamientos demasiado severos.[143]

Por otra parte, la realidad ha demostrado que los instrumentos previstos en esta ley no han oficiado como cuña flexibilizadora en el Derecho del trabajo uruguayo y si alguna crítica verdadera merece la ley, ésta es la de su escasa aplicación práctica, seguramente agudizada por un contexto de desempleo especialmente crítico, que termina por confirmar la posición de quienes sostienen que la lucha contra este flagelo social debería darse mucho más en el terreno de la economía que en el del Derecho, en la medida que en ausencia de necesidades reales, ningún empleador se sentirá atraído a contratar un mayor número de trabajadores por el mero hecho de que esto le resulte más sencillo o barato.

Adicionalmente, esto podría estar ratificando la tendencia advertida en otras regiones, donde resulta apreciable la falta de interés en los empresarios por formar trabajadores de manera sistemática y metódica.[144]

4. Formación profesional y pasantías (Ley N° 17.230)

77. La ley N° 17.230, del 7 de enero de 2000, dispuso la creación de un "...sistema de pasantías laborales como mecanismo regular de la formación curricular de los alumnos reglamentados del Subsistema de Educación Técnico-Profesional de la Administración Nacional de Educación Pública", así como de aquellos que pertenecen a "... los institutos privados de educación técnico- profesional que se hallen debidamente habilitados" (artículo 2°).

Pretendiendo enfatizar las finalidades de tenor educativo, la ley incurre en el manifiesto error de pretender hacerlo mediante el desplazamiento de toda reminiscencia laboral en el vínculo que se crea a partir de la pasantía.

Sin embargo, basta una rápida lectura de las disposiciones que contiene la norma para advertir la artificialidad del intento, así como las complicaciones que del mismo habrán de derivarse. Por lo demás, queda en evidencia la visión equivocadamente sesgada de sus redactores, quienes contrariamente a lo que hubiera sido natural y razonable, pretendieron ocultar la naturaleza laboral del contrato, seguramente a partir del preconcepto de que cualquier derivación hacia dicho ámbito conspiraría contra el éxito de la figura creada.

143 En esta misma línea: Henderson, H., Fomento de la formación..., cit., p. 70 y 71.

144 Frente a lo cual en ciertos casos se ha optado por facilitar contratos desprovistos de finalidad pedagógica que tan sólo tienen en cuenta la reducida productividad de los jóvenes que acceden al primer empleo y, en consecuencia, autorizan a los empleadores a remunerarlos por debajo del salario mínimo legal o proveniente de convenios colectivos. Cfe. Informe Supiot para la CE, cit., p. 71.

Muchos inconvenientes se hubieran ahorrado con la opción más sencilla y sincera de no intentar ocultar lo inocultable y asumir la verdadera naturaleza jurídica de la relación, para luego introducirle los elementos especiales o excepcionales que hubiera condicionado la consecución de las finalidades formativas que mediante ella se persiguen.[145]

78. Mediante esta figura de la *pasantía laboral*[146] se intenta que quienes cursan estudios de carácter técnico-profesional, puedan complementar su formación curricular, accediendo a la posibilidad de adquirir conocimientos prácticos mediante su inserción en una empresa real.[147] Los aspectos fundamentales de dicho sistema pueden ser sintetizados de la siguiente manera:

4.1. *Sujetos de la pasantía*

En cuanto a los **sujetos de la pasantía**:

- **el pasante** debe ser una persona mayor de quince años,[148] que curse estudios en calidad de reglamentado[149] en alguna institución de formación técnico-profesional, que bien puede ser el Subsistema de Educación Técnico-Profesional de ANEP, o una institución privada, con la condición, en este último caso, de que se encuentre debidamente habilitada;[150]

- **la empresa** que acoja al pasante, debe haber sido seleccionada por el Consejo Directivo Central de ANEP a propuesta del Consejo de Educación Técnico

145 Cfe. Raso Delgue, op. cit., p. 178 y ss., Pereyra Blanco, Gabriela, "Análisis de la ley 17.320 (pasantías laborales)", in rev. Derecho Laboral, N° 202, p. 319 y ss.

146 Según la expresión que emplea el propio texto legal (artículo 6°), a pesar de la nauraleza "técnico-pedagógica" que intenta imponerse en el artículo 5°.

147 Empleando una fórmula llamativamente solemne, el artículo 1° de la ley declara "...el derecho de los alumnos mayores de quince años que concurran a establecimientos educacionales del país, a desarrollar una actividad productiva en concordancia con los objetivos educativos del desarrollo nacional".

148 Raso Delgue critica la circunstancia de que no se establezca una edad máxima para acceder al régimen. Op.cit., p. 179.

149 Esto excluye a quienes cursan sus estudios en condición de libres.

150 Resulta llamativo el hecho de que los institutos privados hayan sido incluidos en un inciso específico del artículo 2°, circunstancia que sugiere la posibilidad de que en una redacción inicial no hubieran estado contemplados dentro del régimen que instaura la ley. Obsérvese, además, que el inciso referido a los institutos privados comienza señalando "La *presente disposición* será también aplicable...", redacción que genera dudas en cuanto a los verdaderos alcances que debe darse a la aplicación del régimen de pasantías respecto de alumnos provenientes de estos institutos. En tal sentido, no sería descartable una interpretación estricta del texto en análisis, la que tendría como consecuencia que solamente sería aplicable a los alumnos de los institutos privados, la norma contenida en el artículo 2° de la ley, que establece el sistema de pasantías como un "mecanismo regular de la formación curricular" y en cambio no se aplicaría el resto de las disposiciones de la ley, lo que determinaría que estos pasantes debieran ser considerados trabajadores a todos los efectos (laborales y previsionales). En respaldo de este temperamento podría invocarse el carácter excepcional del régimen que instaura la ley N° 17.230 y el hecho de que, salvo en el artículo 2°, no se aprecian en el resto del articulado legal otras referencias a las instituciones privadas de formación técnico-profesional. En todo caso debe reconocerse que se trata de una cuestión muy dudosa, resultado de la pobre técnica legislativa que presenta la norma.

Profesional, de entre aquellas que habiendo expresado su interés en participar en el sistema, posean un acervo en tecnificación que permita "...prever un efectivo aprovechamiento teórico-práctico por parte del alumno, en su área específica de estudio" (artículo 3°). Debe tratarse de empresas privadas cuyo giro tenga relación con la naturaleza de los estudios que esté cursando el alumno. Además, la empresa debe estar al día con el pago de aportes a la seguridad social;[151]

-el Consejo Directivo Central de ANEP,[152] que no solamente es el organismo encargado de determinar cuáles habrán de ser las empresas habilitadas para participar en el sistema, sino que además, según el artículo 7°, debe suscribir convenios con las empresas correspondientes, en los que se determinarán los objetivos a lograr con las pasantías, la limitación del horario de trabajo, la cobertura de los accidentes y enfermedades profesionales y la posibilidad de rescindir el contrato por parte de la empresa cuando el pasante incurra en "...violación de la disciplina interna del establecimiento..."

La intensa participación que se adjudica al CODICEN es explicable por el hecho de que se intenta que la misma sirva para evitar que la pasantía termine desdibujándose. Por este motivo, las competencias del CODICEN no se agotan en la mera suscripción de los referidos convenios, sino que también abarcarán la asunción de una intensa actividad de contralor del efectivo cumplimiento por parte de las empresas de los objetivos pautados en los mismos (artículo 10°: "...todo ello, sin perjuicio de la plena vigencia de las potestades de orientación, supervisión y evaluación a cargo de la autoridad educacional").[153]

151 Resulta notoria la menor cantidad de exigencias que se plantean en esta ley respecto de las que fueron contempladas en la ley N° 16.873. Así por ejemplo, nada se dice en cuanto a la circunstancia de que la empresa no haya despedido o enviado trabajadores al seguro por desempleo en cierto lapso anterior a la contratación del pasante. Sin dudas esto se debe a que la ley N° 17.230 no persigue la finalidad de crear nuevos puestos de trabajo. Sin embargo, no habría estado de más que se hubiera recurrido a algún mecanismo del estilo, a los efectos de evitar que las empresas abusaran del sistema para así desprenderse de personal estable.

152 La Administración Nacional de Educación Pública (ANEP) fue creada por la ley N° 15.739, del 28 de marzo de 1985 (denominada Ley de Emergencia para la Enseñanza). Se trata de un ente autónomo con personería jurídica (artículo 5) que rige las actividades relativas a la enseñanza primaria, secundaria y técnico profesional. La ley le confiere entre sus objetivos fundamentales el de extender la educación a todos los habitantes del país, mediante la escolaridad total y el desarrollo de la educación permanente (artículo 6). La estructura orgánica de la ANEP está conformada por un Consejo Directivo Central, la Dirección Nacional de Educación Pública, los Consejos de Educación Primaria, de Educación Secundaria y de Educación Técnico-Profesional y sus respectivas Direcciones Generales (artículo 7). Es precisamente el Consejo Directivo Central, el órgano competente para establecer la orientación general a que deberán ajustarse los planes y programas de estudios primarios, secundarios y de la educación técnico-profesional (artículo 13). El Consejo de Educación Técnico Profesional -sucesor de lo que fuera creado por decreto-ley N° 10.225 del 9 de setiembre de 1942, como la "Universidad del Trabajo del Uruguay" (UTU)- es la entidad estatal dedicada a impartir formación técnica.

153 Resulta de muy dudosa constitucionalidad la amplia delegación de competencias que el artículo 11° de la ley practica respecto del CODICEN, en especial en cuanto a que lo habilita a determinar con absoluta discrecionalidad "...las modalidades de pasantías no remuneradas que considere conveniente establecer". Sobre estos aspecto puede verse Raso Delgue, J., op. cit., p. 184.

4.2. Objeto de la pasantía

En cuanto al **objeto de la pasantía**: según se adelantara, el mismo consiste en permitir que estudiantes de instituciones de formación técnico-profesional puedan complementar su aprendizaje teórico mediante la adquisición de conocimientos prácticos durante su desempeño efectivo en una empresa.

4.3. Formalidades instrumentales

En cuanto a las **formalidades instrumentales** que exige el funcionamiento de este sistema, deben señalarse las siguientes:

4.3.1. Por una parte, se exige que las empresas interesadas en participar en el mismo, manifiesten dicha voluntad ante el CODICEN o ante el Consejo de Educación Técnico-Profesional y sean aceptadas por el primero (artículo 3°);

4.3.2. Por otra parte, según el artículo 7°, deberá suscribirse un convenio entre la empresa y el CODICEN, en el que habrán de especificarse los siguientes extremos: objetivos a lograr; horarios de trabajo; cobertura de accidentes de trabajo y enfermedades profesionales; posibilidades de rescisión de la empresa en caso de la comisión de infracciones por parte del pasante respecto de la disciplina interna del establecimiento.

Del texto de la ley no surge con claridad si en los convenios de referencia deberá necesariamente participar el pasante o no. De una primera lectura parecería surgir que estos convenios podrían ser genéricos (convenios-marco) y que los mismos se suscribirían exclusivamente entre el CODICEN y la empresa, de forma tal que posteriormente el pasante quedaría inserto dentro del sistema previamente acordado.

Sin embargo, el punto no es fácil de resolver puesto que si se atiende a los contenidos que necesariamente deben contemplarse en el convenio, parecería razonable que en su determinación también participara el pasante. Pero por otra parte, en el mismo artículo 7° se hace mención a la posibilidad de facultar a la empresa para rescindir *el contrato con el pasante* en determinados casos, circunstancia que podría hacer suponer la existencia de *otro contrato*, en este caso entre el pasante y la empresa. Y las consideraciones podrían complicarse aún más si se deseara desentrañar si ese eventual contrato entre el pasante y la empresa, debe cumplir con la formalidad de la escrituración. En la ley nada se dice al respecto y esto habilitaría a sostener que podría tratarse de un contrato consensual. En todo caso, a los efectos de prevenir cualquier inconveniente, parece prudente que el mismo se practique por escrito y que transcriba las condiciones generales a las que se ajustará el régimen aplicable al pasante.[154]

Más allá de todas estas imprecisiones, que confirman la paupérrima técnica legislativa empleada en la norma analizada, debe advertirse la omisión de ciertos elementos que debieron incluirse como preceptivos en el convenio, como por ejemplo, el plazo y sus posibilidades de renovación, así como la remuneración a percibir por el pasante.

4.3.3. También se establece a cargo de la autoridad educacional (ANEP) la obligación de que los pasantes y los docentes acompañantes (en caso de que éstos se hubieran admitido) se registren *como tales* ante la Inspección de Trabajo y la Seguridad Social del MTSS.

4.4. Obligaciones que nacen de la pasantía

En cuanto a las **obligaciones** particulares que se generan como consecuencia de la pasantía:

4.4.1. Obligaciones de la empresa respecto del pasante:

a. Otorgarle una ocupación efectiva,[155] la que debe resultar acorde con la formación poseída por el primero y útil para su desarrollo.

b. Abonarle una retribución "*íntegra* equivalente a los dos tercios del salario vigente para las actividades idénticas a aquella en las que se desempeñe" (artículo 4°). Una vez más, el texto legal presenta serias dificultades interpretativas. Así por ejemplo, no es claro qué significa que la retribución deba ser *íntegra*. No sin esfuerzo podría suponerse que mediante esta expresión se intentó indicar que los *dos tercios del salario vigente* (que pueden constituir la remuneración del pasante), se calculan a partir de cantidades nominales y que el pasante tiene derecho a percibirlo en su totalidad, es decir, sin ningún descuento (artículo 8°). Tampoco es claro qué debe entenderse por "*salario vigente* para las actividades idénticas", debido a que luego de que el Poder Ejecutivo dejó de convocar a los Consejos de Salarios existen muchas actividades en las que no resulta posible detectar la presencia de "salarios vigentes". Esto podría superarse sosteniendo que la expresión debe entenderse en el sentido del *salario que perciben quienes desempeñan ta-*

154 En el mismo sentido: Raso Delgue, op. cit., p. 179-180. Pereyra Blanco reserva el término "contrato de pasantía" exclusivamente para identificar al que vincula al pasante con la empresa. Según la autora, el contrato debería tener forma escrita. Op. cit., p. 317 y 319.

155 Esta obligación, que no surge a texto expreso de la ley, debe considerarse connatural a cualquier contrato que tenga por objeto la formación del trabajador. Sobre el punto, ver supra, Capítulo III, numeral 2.4.

reas similares[156] *a las del pasante en la empresa* y en caso de que existiera en dicha situación más de un trábajador y que entre ellos existieran diferentes niveles salariales,[157] deberá considerarse el salario más bajo.[158]

c. Cumplir a su respecto con toda la normativa laboral y de seguridad social, sin perjuicio de las exoneraciones que en este último caso se establecen en la propia ley.[159] Este aspecto será más desarrollado al analizar la naturaleza jurídica de la relación de pasantía.

d. Facilitarle los elementos que le permitan adquirir o desarrollar la formación profesional práctica que resulte complementaria de su educación teórica, ajustándose a lo establecido en el convenio suscrito con el CODICEN. Contrariamente a lo que acontece en el caso de la ley N° 16.873, en el caso de la norma en análisis, no se exige que el empleador asuma la obligación de impartir una enseñanza metódica al pasante.

4.4.2. Obligaciones de la empresa respecto del CODICEN de ANEP:

a. Proveer al pasante los elementos que permitan cumplir con los objetivos formativos previstos en el convenio de pasantía;

b. Cumplir con los demás términos pactados en el referido convenio;

c. Permitir el ingreso a sus establecimientos de los docentes cuya presencia hubiera sido autorizada por la empresa en forma expresa (artículo 10°), así como inspectores y/o evaluadores, con la finalidad de controlar el cumplimiento de los objetivos formativos previstos en el convenio.[160]

4.4.3. Obligaciones del pasante respecto de la empresa:

a. Trabajar diligentemente, acatando las reglas de funcionamiento interno del establecimiento y sometiéndose a la autoridad laboral de quienes se desempeñen como sus superiores, según la organización jerárquica de la empresa;

156 La ley utiliza la expresión "idénticas", que tampoco parece ser la más adecuada al caso.

157 Situación que no sería ilegítima, según se admite jurisprudencialmente en nuestro país. Sobre el punto ver: Garmendia Arigón, M., "El principio de igualdad...", cit.

158 En todo caso debe compartirse lo sostenido por Raso Delgue, en cuanto a que el salario mínimo nacional constituye el monto mínimo a percibir por el pasante. Op. cit., p. 179.

159 El artículo 5° establece que la actividad desarrollada en el marco de la pasantía no será computada a los efectos jubilatorios. Por su parte, el artículo 8° establece que "Los pagos a los pasantes no constituirán materia gravada para los tributos de la seguridad social ni para el Impuesto a las Retribuciones Personales"

160 Si bien esto no está previsto expresamente en la ley, parece resultar una consecuencia natural de la forma en que se debería desarrollar el sistema de las pasantías. La posibilidad de que se hagan presentes en la empresa los funcionarios pertenecientes a la ANEP, no enerva las competencias que posee la Inspección General de Trabajo y Seguridad Social del MTSS.

b. Conservar su condición de estudiante reglamentado de la institución de formación técnico-profesional (artículo 7°).

4.4.4. Obligaciones de la institución de formación técnico-profesional respecto de la empresa:

Comunicar inmediatamente a la empresa la circunstancia de que el pasante haya perdido su condición de estudiante reglamentado, a los efectos de lo dispuesto por el artículo 7°.

Por su parte, las obligaciones recíprocas que existen entre el pasante y la institución de formación técnico-profesional, serán las propias de la relación de enseñanza-aprendizaje.

4.4.5. Plazo

El plazo de la relación de pasantía: nuevamente se aprecia aquí una redacción extremadamente incorrecta. El artículo 6° de la ley establece que "Cada pasantía laboral se cumplirá durante un período mínimo de tres meses, prorrogables por otros dos trimestres, en cada año lectivo...".

La primera nota llamativa que se aprecia en esta norma consiste en la ausencia de un plazo máximo de la pasantía. Obsérvese el curioso error en que ha incurrido el redactor de la norma: si el plazo original es de *al menos* ("período mínimo", dice la ley) tres meses, ¿sería posible que la pasantía fuera pactada por un plazo inicial de, por ejemplo, veinticuatro meses? Pero aun admitiendo que la referencia al "año lectivo" que contiene la ley pudiera interpretarse como una suerte de límite máximo: ¿sería entonces posible pactar un plazo de seis meses y que así, teniendo en cuenta las dos prórrogas de tres meses cada una, el pasante estuviera trabajando durante todo el año?

No menos difícil de interpretar es la referencia a que el plazo se refiere "a cada año lectivo". ¿Significa que todos los años se renueva la posibilidad de que el mismo pasante realice pasantías? Más allá de las falencias del texto, esta interpretación es inadmisible, pues además de resultar contraria al principio de continuidad, también lo es respecto de la propia naturaleza y finalidades del sistema de las pasantías.

4.4.6. Beneficios que obtiene la empresa:

Además de los beneficios derivados de la posibilidad de contar con la colaboración de un trabajador al que puede pagarle un salario inferior al de la categoría y que no se encuentra gravado con aportes a la seguridad social, la empresa también cuenta con el beneficio de poder deducir el pago de los mismos para la determinación del Impuesto a las Rentas de la Industria y Comercio y del Impuesto a las Rentas Agropecuarias.

4.4.7. Naturaleza jurídica de la relación de pasantía:

El artículo 5° de la ley declara que "La actividad que desarrolle cada estudiante en la empresa respectiva será considerada de naturaleza técnico-pedagógica y no será computada a los efectos jubilatorios ni generará por sí misma derecho a permanencia o estabilidad alguna".

Como se indicara, la intención de quitar trascendencia a los aspectos laborales que están ínsitos en la propia esencia de la relación que se crea por la ley, se contradice con el propio texto de las disposiciones contenidas en ella. En tal sentido y a pesar de la formal declaración contenida en el artículo 5°, seguidamente el redactor de la norma no tuvo otra alternativa que reglamentar cuestiones propias de una relación de trabajo (por ejemplo, salarios, horarios, consecuencias en materia jubilatoria, referencias a accidentes (*¿de trabajo?*) y enfermedades profesionales, circunstancias que habilitan la rescisión del contrato, etc.) puesto que esto se imponía necesariamente a partir de la propia dinámica del vínculo que se estaba creando.

En esencia, este sistema de pasantías es una relación de trabajo a la que, como tal, le serán aplicables todas las normas generales (laborales y previsionales), con las excepciones que se hayan contemplado expresamente en el texto de la ley N° 17.230.[161]

4.4.8. Extinción del vínculo:

La misma puede producirse como consecuencia del agotamiento del plazo pre-determinado, por la pérdida por parte del pasante de su condición de estudiante reglamentado del instituto de formación técnico-profesional o como consecuencia de la violación por parte del pasante de la disciplina interna del establecimiento.

Con respecto a esta última circunstancia, la ley parece haber introducido una causal de extinción del vínculo sin responsabilidad para el empleador, que tiene un carácter mucho menos exigente que el derivado de la noción de notoria mala conducta. Sin embargo, curiosamente parece desprenderse de la lectura del artículo 7° que la misma solamente podría invocarse cuando se hubiera pactado expresamente en el convenio suscrito entre la empresa y ANEP[162] y en caso contrario, serían aplicables las normas generales sobre notoria mala conducta.

161 Respecto de la normativa previsional, cabe advertir que la ley solamente excluye a la pasantía de los beneficios jubilatorios, pero en cambio nada dice respecto de la aplicabilidad de otros beneficios, como el subsidio por maternidad, el seguro por desempleo, etc. En este sentido, debe concluirse que las normas relativas a estas prestaciones de actividad, serían aplicables al régimen de las pasantías. En cuanto a la cobertura de accidentes de trabajo y enfermedades profesionales, las disposiciones de la ley N° 16.074 imponen que necesariamente deba contratarse el seguro en el Banco de Seguros del Estado.

162 Obsérvese que la disposición establece que en el convenio se pactará "...la posibilidad de rescindir el contrato por parte de la empresa, cuando exista violación de la disciplina interna del establecimiento por parte del pasante".

En cuanto a la ruptura *ante tempus* del vínculo de pasantía, es claro que esto generaría la responsabilidad del empleador, tanto frente al pasante como frente a la propia institución de formación técnico-profesional, de acuerdo a los principios generales en materia de responsabilidad contractual. Sin embargo, es llamativa la omisión de toda referencia a la pérdida por parte del empleador de los beneficios tributarios que para él se hubiera derivado de la aplicación del régimen, contrariamente a lo que sí se contemplara en la ley N° 16.873.[163]

163 Cfe. Raso Delgue, J., op. cit., p. 183.

Capítulo IV
La formación profesional dentro del haz obligacional típico del contrato de trabajo

79. Luego de haber pasado revista a las modalidades contractuales en las que la formación profesional adquiere una dimensión relevante, al punto de resultar definidora de su propio objeto, corresponde analizar cuál es el lugar que la formación profesional ocupa en los contratos de trabajo típicos.

Esto supone ingresar al estudio de los componentes que integran el haz obligacional que se genera con el inicio de la relación de trabajo y determinar si dentro del mismo es posible detectar la presencia de la formación profesional. Asimismo, y como complemento necesario de lo anterior, deberá determinarse cómo se distribuyen entre los sujetos de la relación (empleador y trabajador) los contrapesos de obligaciones y derechos que se crean a partir de la formación profesional.

En este capítulo serán expuestas algunas consideraciones generales en relación a las expresiones obligacionales de la formación profesional en el marco del contrato de trabajo, para dedicar luego los siguientes capítulos, al análisis de algunas cuestiones más concretas, como por ejemplo, la incidencia de la formación profesional en la determinación del salario y la categoría del trabajador o las consecuencias que pueden provocarse a partir de la misma respecto del ejercicio de determinadas potestades del empleador.

1. Los desarrollos doctrinarios nacionales

80. Según fuera expresado, el Derecho positivo laboral uruguayo carece de referencias conceptuales concretas sobre el contrato de trabajo. Ninguna norma jurídica lo ha definido y mucho menos existe una reglamentación descriptiva sistematizada de las obligaciones que típicamente emanan del mismo.

Han correspondido a la doctrina las elaboraciones a este respecto, pero sin embargo, no es posible detectar desarrollos mayores en relación con la temática específica de la formación profesional y el lugar que ésta tiene reservado en el marco de las obligaciones dimanantes del contrato de trabajo.

No obstante, deben exceptuarse de esta última afirmación los aportes realizados por Barbagelata, quien no solamente se destaca claramente por la frecuencia e insistencia con que ha abordado la cuestión de la formación profesional, sino también por el lugar prominente que le ha conferido a este instituto dentro del esquema del contrato de trabajo.[164]

En efecto, debe reconocerse en este autor la presencia de un pionero en cuanto a la identificación de la formación profesional como objeto a partir del cual se crean determinadas obligaciones concretas en el marco del contrato laboral.

Al desarrollar la serie de obligaciones que para el empleador se derivan del contrato de trabajo, se advierte, en la visión que expone Barbagelata, la presencia constante de la formación profesional como potencialmente provocadora de consecuencias -directas o indirectas- en el plano obligacional. Así, por ejemplo, al reseñar la obligación del empleador de respetar la dignidad del dependiente, el autor refiere a que uno de los elementos que contornean los límites de la misma, está dado por la necesidad de evitar comportamientos que puedan perjudicar "...la reputación profesional" del trabajador,[165] concepto este último, que guarda una clara vinculación con la noción de formación profesional.[166]

En forma similar, cuando Barbagelata hace referencia a la obligación del empleador de "proporcionar al trabajador, ocupación efectiva en la calidad y cantidad que corresponda", hace depender su existencia de algunas circunstancias, entre las cuales se halla la de evitar que la omisión de la misma "...perjudique la cualificación o impida adquirirla o superarla".[167] En tal sentido -según ya fuera indicado[168]- el autor se mantiene dentro de la posición que en forma unánime ha desarrollado la doctrina uruguaya, en cuanto a que, salvo en circunstancias excepcionales, no es exigible al empleador que brinde ocupación efectiva a su dependiente. Sin embargo, queda de relieve una vez más, la trascendencia que adquiere el instituto de la formación profesional y la eficacia que el mismo posee a los efectos de potenciar determinados derechos y obligaciones que emanan del contrato de trabajo.

164 Cfe. Barretto, H., La obligación de formar..., cit., p. 13.

165 Derecho del Trabajo, T. I., vol. 2, cit., p. 170.

166 En esta misma línea -que resalta la estrechez de la asociación conceptual existente entre el respeto a la dignidad del trabajador y la debida consideración de su "profesionalidad" (como una de las manifestaciones típicas de la dignidad de la persona), en una tesis relativamente reciente, una autora española, Berta Valdés de la Vega, resalta que "La tutela de la 'profesionalidad' del trabajador está vinculada con la tutela de otros valores inherentes a la persona. Así, está vinculada con la dignidad y con el desarrollo de la personalidad". A su vez -señala la autora- la dignidad se conecta con todos aquellos aspectos que atañen a la persona: intimidad, la integridad física, o el desarrollo de la personalidad, "...todo aquello que es propio del individuo compromete su dignidad, siendo especialmente delicado si se produce en un contexto de subordinación", La profesionalidad del trabajador en el contrato laboral, Ed. Trotta, Madrid, 1997, p. 23.

167 Derecho del Trabajo, T. I, vol. 2, p. 171.

168 Ver supra, Capítulo III, numeral 2.4.

También refiere indirectamente Barbagelata a la formación profesional, cuando describe la obligación del empleador de "Abstenerse de programar, pretender o exigir del trabajador la realización de tareas incompatibles con su categorización que le perjudiquen en sus expectativas, o le demanden un esfuerzo superior al razonable, de acuerdo con las condiciones pactadas y dentro de los límites fijados por las normas laborales, los usos y costumbres profesionales".[169]

81. Sin embargo, no es a partir de cuanto viene de señalarse que la doctrina de Barbagelata se distingue del resto de las posiciones expuestas a nivel nacional. También en otros autores es posible detectar, en mayor o menor medida, una presencia indirecta de la formación profesional, a partir de cuya consideración asumen sesgos particulares otras obligaciones dimanantes del contrato de trabajo.[170]

Donde la posición de Barbagelata aparece como verdaderamente diferenciable del resto de la doctrina, es cuando directa y específicamente describe la obligación del empleador "de proporcionar formación profesional y facilitar la formación permanente".[171] El fundamento jurídico al que recurre el autor para respaldar la existencia de esta obligación (en ausencia de normas en el Derecho positivo interno) es detectado en normas internacionales: el artículo 26 de la Declaración Universal de Derechos Humanos, los artículos 6 y 7 del Pacto Internacional de Derechos Económicos, Sociales y Culturales, el Protocolo de San Salvador (artículos 6-1 y 2, 7-b-c, 13.3), etc.

Según explica Barbagelata, "En el Derecho comparado se ha entendido que esta obligación patronal incluye la de facilitar el entrenamiento para la readaptación a nuevas tareas y que va correspondida por la obligación del trabajador de participar en las acciones de formación pertinentes".[172]

82. Más recientemente, otros autores han comenzado a desarrollar esta misma línea de pensamiento. Así, Barretto y Henderson -en obra en la que el propio

169 Op. cit., p. 172.

170 Así por ejemplo, Plá Rodríguez alude en el Curso de Derecho Laboral (T. II, vol. 1) a múltiples referencias de este tipo: al señalar el carácter personal de la prestación que asume el trabajador, expone la importancia que a este respecto posee la capacidad del trabajador (p. 141), al determinar el derecho del trabajador a desarrollar tareas propias de la categoría, recurre como criterio definidor de la misma, a su calificación (p. 143); cuando describe la obligación del trabajador de desempeñarse "con la eficiencia normal", también utiliza parámetros derivados de la formación profesional (p. 146); cuando expone los límites a la obligación de obediencia, afirma que uno de ellos está determinado por la posibilidad de resistir el cumplimiento de órdenes que comprometan la responsabilidad técnica (p. 148). También Plá Rodríguez refiere indirectamente a la importancia de la formación profesional en el marco de las obligaciones del contrato de trabajo cuando se pronuncia acerca de la cuestión de la existencia o no de la obligación del empleador de proporcionar trabajo efectivamente -aspecto en el que el autor se mantiene dentro de la línea unánimemente expuesta por la doctrina y que fuera desarrollada supra, en el Capítulo II, numeral 2.2.4 (p. 156 y ss.).

171 Derecho del Trabajo, T. I, vol. 2, p. 174.

172 Idem.

Barbagelata es editor- exponen su posición en el sentido de que "...la formación profesional aparece, además de un deber del Estado, como una obligación del empleador que se despliega junto al resto del haz emergente de la relación individual de trabajo. Esto la configura especialmente como un derecho 'autoejecutable', en la medida que su cumplimiento (y las modalidades que pueda adquirir) queda al albur de las relaciones laborales y como contenido potencial de la autonomía colectiva".[173]

En la tesis que desarrollara sobre estas temáticas, de publicación todavía más cercana en el tiempo, Barretto expone la pretensión de "...entender el papel de la formación profesional bajo una función diacrónica, dinámica, que contribuye y enriquece la prestación de trabajo, y no solo como un mero (pero imprescindible) límite que encauza racionalmente el poder empresarial frente a la hiposuficiencia del trabajador".[174] Luego de pasar prolija revista a las normas internacionales que refieren al derecho a la formación profesional[175] y de ubicar conceptualmente a la formación profesional como una manifestación del derecho a la educación,[176] el autor concluye en la condición de derecho humano fundamental de la formación profesional y en su inclusión dentro del "cuadro de principios que rige el derecho laboral".[177] Además, reitera la posición que ya expresara en la anterior obra citada,[178] respecto a que la formación profesional no solamente constituye un deber del Estado, sino además, "...una obligación del empleador que se despliega junto al resto del haz emergente de la relación individual de trabajo".[179]

2. Análisis crítico

83. Asumiendo que el derecho de la formación profesional posee una particular jerarquía y valoración en el actual estadio evolutivo de la conciencia jurídica universal, tal como emerge claramente de la circunstancia de su figuración en la mayor parte de los instrumentos internacionales que describen los derechos humanos fundamentales, y a partir de la constatación de que el contrato de trabajo constituye uno de los escenarios en los que la formación profesional habrá de desplegar la mayor parte de sus consecuencias y potencialidades, correspon-

173 Barbagelata, H-H, Barretto Ghione, H., Henderson, H, El derecho a la formación profesional y las normas internacionales, Mdeo.: Cinterfor, 2000, p. 44. Según se indica en la obra citada, la autoría de los pasajes aludidos corresponde a Hugo Barretto Ghione.
174 La obligación de formar..., cit., p. 21.
175 Op. cit., p. 50 y ss.
176 Op. cit., p. 53-56.
177 Op. cit., p. 59.
178 Barbagelata, H-H, Barretto Ghione, H., Henderson, H, El derecho a la formación profesional..., cit.
179 La obligación de formar..., cit., p. 60.

de analizar si resulta posible atribuir al empleador una obligación concretamente traducible en el deber de desarrollar un *comportamiento positivo* hacia el trabajador, consistente en brindarle formación profesional.

En otros términos: se trata de desentrañar si las obligaciones que habrá de asumir el empleador respecto de la formación profesional (a partir de su consideración como derecho humano fundamental) se manifiestan exclusivamente en el plano de *no obstaculizar su desarrollo* (comportamiento pasivo, de *no hacer*) o si por el contrario, también debería considerarse que los mismos implican el deber patronal de adoptar *conductas activas* al respecto (brindar formación al trabajador).

La adopción de una posición en relación con este planteamiento no está exenta de dificultades.

84. Si bien la cuestión está fuera de discusión en los casos de contratos de trabajo que específicamente tienen por finalidad el desarrollo de actividades formativas,[180] en cambio resulta mucho más dudosa cuando se refiere al contrato de trabajo típico.

No es posible desconocer que la formación profesional constituye una cuestión que de ninguna forma puede considerarse ajena a las responsabilidades de los empleadores, tal como es expresamente reconocido en diversas disposiciones constitucionales y legales en el Derecho comparado. Por otra parte, la circunstancia de estar los empleadores involucrados en las políticas y programas sobre formación profesional así como la intensa participación que en su financiamiento le atribuyen diversos ordenamientos[181] representa una clara demostración de que se trata de una temática que les atañe directamente y respecto de la que la sociedad les asigna un rol de fundamental importancia. Sin embargo, más allá de estos deberes de carácter general que recaen sobre los empleadores, subsisten aún las dudas acerca de la posibilidad de que los mismos puedan quedar concretados en una obligación específica en el marco de la relación individual de trabajo.

85. En el Derecho comparado es posible encontrar varios ejemplos de normas que expresamente hacen referencia a la obligación del empleador de impartir (comportamiento positivo) formación profesional.

Barretto y Henderson refieren a diversas disposiciones constitucionales en este sentido, como el artículo 123, parte XIII, de la Constitución mexicana,[182] el artículo 54 de la colombiana,[183] el artículo 141 de la hondureña y el artículo 71 de

180 Ver supra, Capítulo IV, numeral 2.3.

181 Garmendia Arigón, M., Legislación comparada sobre formación profesional..., cit., p. 113-114.

182 "Las empresas cualquiera que sea su actividad, estarán obligadas a proporcionar a sus trabajadores, capacitación o adiestramiento para el trabajo. La ley reglamentaria determinará los sistemas, métodos y procedimientos conforme a los cuales los patrones deberán cumplir con dicha obligación".

183 "Es obligación del Estado y de los empleadores, ofrecer formación y habilitación profesional y técnica a quienes lo requieran. El Estado debe propiciarla ubicación laboral de las personas en edad de trabajar y garantizar los minusválidos el derecho a un trabajo acorde con sus condiciones de salud".

la panameña[184] y señalan que por lo general, dichas normas delegan en la ley su reglamentación.[185] También merecen mención a este respecto, las disposiciones del Derecho español, donde desde vieja data se ha dictado normas que desarrollan con particular énfasis el derecho a la formación profesional del trabajador y la atribución de la consecuente obligación al empleador.[186]

86. El problema consiste en determinar si en ausencia de toda referencia concreta del Derecho positivo, es posible considerar que el empleador debe asumir la obligación de proporcionar formación profesional al trabajador en cualquier circunstancia.

A los efectos de arribar a una respuesta razonable para esta interrogante, parece prudente aproximarse a la misma en forma paulatina, mediante un análisis gradual de las diversas obligaciones derivadas de la formación profesional, comenzando primero por las indirectas, para luego finalizar con las más específicas y concretas.

2.1. *Formación profesional y su incidencia en la generación de obligaciones patronales indirectas*

87. Queda fuera de toda duda razonable que el empleador asume una serie de obligaciones laborales que encuentran fundamento en la formación profesional que posee el trabajador. Entre ellas, por ejemplo, deben recordarse las relacionadas por Barbagelata y que atañen al respeto de la dignidad profesional del trabajador, así como a la consideración de la formación profesional que éste posee como criterio para la determinación de la categoría, salario, atribución de tareas, etc.

184 "El Estado o la empresa privada impartirán enseñanza profesional gratuita al trabajador. La Ley reglamentará la forma de prestar este servicio".

185 Op. cit., p. 40 y 41.

186 La Ley de Contrato de Trabajo española, de 21 de noviembre de 1931, ya contemplaba este derecho del trabajador a la formación profesional, haciéndolo exigible frente al empresario a través de obligaciones concretas y estableciendo especiales medidas de tutela, entre las que se destaca la necesidad de consignar como condición contractual "la expresión de las facilidades que deben dar los patronos para la educación general y profesional de los obreros..." (artículo 20, ordinal 8°). El artículo 40.2 de la actual Constitución española menciona expresamente a la formación profesional, a la que ubica entre los principios rectores de la política social y económica. El artículo 35, de carácter más genérico, declara que "Todos los españoles tienen el deber de trabajar y el derecho al trabajo, a la libre elección de profesión u oficio, a la promoción a través del trabajo..." y ha sido identificado como "el más firme soporte del derecho a la formación profesional del trabajador, en tanto condición imprescindible y garantía de su promoción profesional". Estas previsiones constitucionales han quedado reflejadas y desarrolladas a nivel legal en el Estatuto de los Trabajadores, donde diversas normas están dirigidas a facilitar al trabajador el acceso a la educación en general y a la formación profesional en particular y en las que, sin embargo, ha quedado notoriamente disminuida -sino excluída totalmente- su atribución obligatoria al empleador. Mirón Hernández, M., op. cit., p. 47 y ss.

2.2. *Formación profesional y su incidencia en la generación de obligaciones patronales negativas (de no hacer)*

88. Avanzando un paso más, también parece de precepto sostener que el empleador queda obligado a no desarrollar conductas que obstaculicen o impidan el acceso del trabajador a la formación profesional.

Esto resulta el corolario natural del hecho de ser la formación profesional un derecho humano fundamental y una manifestación específica del derecho a la educación, de más amplio alcance, tutelado por los artículos 70 y 71 de la Constitución de la República. Es evidente que el derecho a la formación profesional, al igual que otros derechos inherentes a la persona humana, no quedan conculcados ni disminuidos por el hecho de estar inserto el trabajador en una relación de trabajo que supone la existencia de la subordinación como nota central tipificante.

La visión antropocéntrica que debe guiar los razonamientos referentes a la formación profesional[187] determina que la protección de los valores que interesan a la esencia de la persona humana se erija en fundamento primario para sustentar aquellas soluciones que mejor contemplen tal finalidad.

En síntesis: el derecho del trabajador a acceder a la formación profesional también se proyecta hacia la esfera propia del contrato de trabajo y su dinámica, determinando la existencia de ciertos límites respecto del ejercicio de determinadas potestades empresariales.[188] De modo que la titularidad del trabajador del derecho subjetivo a la formación profesional genera la correlativa obligación empresarial de no interferir u obstaculizar su legítimo ejercicio, traduciéndose en consecuencia, en una primera y elemental obligación de *no hacer*.

89. Esta obligación patronal, consistente en desarrollar un comportamiento respetuoso hacia el legítimo ejercicio por parte del trabajador de su derecho a formarse, debe ser interpretada siempre con un criterio amplio y en el que, en todo caso habrá de primar una suerte de criterio hermenéutico de favorecer el desarrollo de la meta formativa.

Esto implica que, por ejemplo, la obligación del empleador no solamente estará presente cuando las actividades formativas que desarrolla el trabajador tengan relación directa o indirecta, con las tareas que cumpla en la empresa (en cuyo caso es probable que el empleador tenga un interés personal en que la formación profesional efectivamente sea adquirida por su dependiente), sino que también lo estará en aquellos casos en que no exista ninguna vinculación entre la formación profesional que el dependiente aspira adquirir y la requerida por el puesto de trabajo que ocupa en la empresa.

187 Ver supra, Capítulo I, numeral 3.3, Principio de antropocentrismo.
188 Ver infra, Capítulo VI, Formación profesional y *jus variandi*

En tal sentido, una vez más adquiere trascendencia el *principio de antropocentrismo*, en virtud del cual se determina como meta central de la formación profesional, la posibilidad de desarrollo de la persona, de tal forma que ésta alcance a comprender su medio social en general y su medio de trabajo en particular y esté en condiciones de incidir en éstos, tanto individual como colectivamente.[189]

Otra manifestación de este criterio amplio que se postula, implica sostener que la formación profesional que genera la consecuente obligación empresarial de abstenerse de desarrollar comportamientos obstaculizantes, incluye tanto las situaciones en las que la formación profesional es adquirida como consecuencia de la normal y natural ejecución de la tarea (en cuyo caso, el desarrollo de acciones entorpecedoras por parte del empleador es mucho menos probable y difícil, aunque no imposible), como aquellos en que la formación profesional que se pretende adquirir, requiere la realización de actividades diferenciadas de las relacionadas con el puesto de trabajo (por ejemplo, concurrir a una institución de enseñanza).

90. Pero sin perjuicio de esta amplitud, también debe señalarse que ni el derecho a formarse, cuya titularidad ostenta el trabajador, ni la consecuente obligación de no obstaculizar su desarrollo, que recae sobre el empleador, pueden considerarse ilimitados.

Por el contrario, su efectividad y vigencia deben enmarcarse dentro del contexto natural en el que se despliegan, que no es otro que el del contrato de trabajo. Esto supone que las aspiraciones formativas que legítimamente pueda invocar el trabajador, deberán en todo caso compatibilizarse razonablemente con la natural pretensión del empleador en el sentido de que la tarea sea desarrollada normalmente y sin interrupciones.

El derecho a formarse debe ser ejercido de buena fe, procurando que el mismo no provoque alteraciones o perjuicios en la organización del trabajo.

2.3. *Formación profesional y obligaciones patronales positivas (de hacer). ¿Está obligado el empleador a proporcionar formación a sus dependientes?*

91. Por último corresponde analizar si es posible considerar que existe a cargo del empleador una obligación "*de hacer*" o positiva, con relación a la formación profesional. Es decir, si es posible sostener que al haz de obligaciones indirectas y de *no hacer* que la formación profesional pone a cargo del empleador, se suma otra más intensa, consistente en la necesidad de brindar la formación profesional al trabajador.

189 Ver supra, Capítulo I, numeral 3.3.

El hecho, indiscutiblemente compartido, de que la formación profesional forme parte del acervo conformado por los más elevados derechos humanos relacionados con el trabajo[190] no basta para sostener que el empleador queda positivamente obligado a impartir una determinada formación profesional a sus dependientes. Si bien a partir de las Declaraciones y Pactos internacionales sobre derechos humanos, es posible afirmar la existencia de un derecho a la formación profesional, cuyo respeto estricto constituye una obligación del empleador (por ser la relación de trabajo uno de los ámbitos donde la formación profesional adquiere sus manifestaciones más ricas), de allí a considerar que aun en ausencia de texto expreso de derecho positivo, el empleador está obligado a impartir formación profesional al trabajador, hay un trecho difícilmente superable.

A este respecto, mientras aparece relativamente sencillo encontrar fundamento para sostener la existencia de una obligación empresarial de respetar el derecho a formarse del trabajador, en cambio no acontece lo mismo cuando se intenta detectar la fuente generadora de una obligación patronal de proporcionar la formación al trabajador, cuando ello no se hubiera pactado expresamente en el contrato de trabajo (como por ejemplo, acontece en las modalidades formativas que fueran analizadas *supra*) y no surja de ninguna norma jurídica objetiva (ya sea que provenga de la autoridad estatal o de la autonomía colectiva).

92. En principio, entonces, no se comparte que exista -en abstracto y en ausencia de una previsión normativa o convencional expresa- una obligación patronal de proporcionar formación profesional al trabajador.

Visto desde otra perspectiva, no sería jurídicamente viable -ni tampoco razonable- que un trabajador se considerara indirectamente despedido invocando el incumplimiento del empleador de la obligación de proporcionarle una formación profesional a la que no se había comprometido expresamente y que ninguna norma jurídica le atribuye imperativamente.

2.4. *La introducción de variaciones en la prestación de la tarea y la obligación del empleador de proporcionar formación profesional*

93. Sin embargo, pueden presentarse determinadas circunstancias durante el decurso del vínculo laboral, que sí hagan emerger una obligación patronal de proporcionar *-positivamente-* una determinada formación profesional al trabajador. Este es el caso, por ejemplo, de la introducción de innovaciones tecnológicas u organizativas en la empresa, que impliquen variaciones en relación con la for-

190 Según se expone en la obra del autor, Orden público y Derecho del Trabajo, FCU, Mdeo., 2001, p. 122.

ma en que anteriormente se desarrollaba el trabajo y la consecuente necesidad de adaptarse a las mismas mediante un proceso de aprendizaje previo.

Frente a una situación como la descrita, aparece un elemento nuevo, consistente en la iniciativa del empleador de introducir un cambio en la forma habitual de prestación de la tarea. El hecho de hacer efectivo el cambio, trae como consecuencia automática, la asunción por parte del empleador de la obligación correlativa de proporcionar a su dependiente la formación profesional que requiera la adaptación a la nueva forma que caracterizará la actividad.

El surgimiento en tales casos de la obligación de formar, encuentra fundamento en una fuente contractual, al existir un acuerdo de voluntades (que en la mayoría de los casos será tácito) entre el trabajador (que acepta o tolera el cambio introducido siempre que se le proporcione la formación que le permita adaptarse al mismo) y el empleador (que se beneficia con la introducción del cambio, pero debe asumir la obligación de brindar a sus dependientes los elementos formativos necesarios para que estén en condiciones de absorberlo sin mayores dificultades.[191]

94. Pero no sería correcto pretender que por el mero hecho de estar dispuesto el empleador a asumir la obligación de proporcionar la formación profesional que requiere el cambio, este último queda legitimado, independientemente de toda otra consideración.

En todo caso, el análisis de la variación y su licitud, se regirá por los criterios generales en materia de *jus variandi* y sus límites conceptuales y funcionales, y si bien no es admisible que el empleador se considere exonerado en estos casos de la obligación de proporcionar la formación profesional que requiera la introducción del cambio, tampoco su disposición en tal sentido puede concebirse como sinónimo de aceptación obligatoria del mismo por parte del trabajador. Una serie de consideraciones estarán necesariamente presentes al momento de discernir si la eventual negativa del trabajador a recibir la formación profesional y aceptar el cambio introducido, implica o no un incumplimiento laboral que le sea imputable.[192]

95. Si bien los cambios tecnológicos resultan cada vez más frecuentes en la actual realidad del trabajo, también es apreciable que determinados sectores de actividad resultan mucho más proclives a los mismos, al punto que en ciertos

191 Cfe. Barretto, H., La obligación de formar..., cit., p. 101 y ss. El autor explica que siendo el empleador "...el principal beneficiario de la relación en la medida que es quien se apropia de los frutos del trabajo, tiene una carga de asumir también los riesgos que el cambio comporta. El cumplimiento de la obligación de formar al trabajador, contribuyendo así al mantenimiento del vínculo, resulta una emanación del principio de buena fe que debe presidir la relación de trabajo y un deber correlativo en virtud del derecho a la formación reconocido al trabajador", p. 113.

192 Ver infra, Capítulo VI, Formación profesional y *jus variandi*.

casos es la variabilidad continua la característica que pauta la dinámica natural del trabajo. Así por ejemplo, en las empresas dedicadas a la producción informática, a la tecnología médica, la comunicación, etc., se hace plenamente cierta y aplicable la expresión *"lo único permanente es el cambio"*.[193]

En tales casos, las propias características de la actividad determinarán que la obligación patronal de proporcionar formación en cada oportunidad que se introduzcan cambios, adquiera rasgos permanentes y normales, constituyéndose de este modo, en una obligación positiva típica de los contratos de trabajo en tales sectores de actividad.

3. La obligación del trabajador de formarse profesionalmente

96. Nada novedoso se estará indicando al señalar que la relevancia que en estos días se adjudica a la formación profesional, determina que el hecho de poseerla, antes que una obligación, deba ser considerada una verdadera "carga" del trabajador.

La posibilidad de acceder a la misma ha llegado a constituirse en un requisito preliminar, de cumplimiento imprescindible para quien aspira a lograr insertarse en el mercado de trabajo o permanecer en éste.[194]

Esta afirmación adquiere mayor vigencia en un sistema de despido libre como el uruguayo, donde en principio se reconoce al empleador la facultad de rescindir unilateral y no abusivamente el contrato de trabajo, con la sola condición de abonarle al trabajador una indemnización por despido. En ciertos casos esta opción -y la posterior sustitución del trabajador por otro que ya posea la formación adecuada- puede llegar a ser menos onerosa para el empleador que la de invertir en costosos procesos de formación, de resultado más o menos incierto.

Pero además de resultar evidente que en estos fenómenos se encuentra directamente involucrado el interés del propio trabajador, también es posible sostener que la aceptación y desarrollo de actividades de formación profesional ofrecidas por el empleador, se presenta como una obligación a su cargo y frente a la cual el propio empleador es el sujeto activo.

193 Mirón Hernández le otorga un carácter más genérico a esta situación cuando señala que los sistemas de organización del trabajo actuales están impregnados de una "total coyunturalidad", doblemente impuesta por las reglas del mercado y por la velocidad con que se producen los cambios tecnológicos. Esto hace ineludible -según la autora- la permanente evolución y actualización de la formación profesional del trabajador y de los sistemas dirigidos a su desarrollo. Op. cit., p. 133.

194 A pesar de que no existe consenso acerca de que las innovaciones tecnológicas aceleradas del mundo contemporáneo provoquen una elevación en el nivel medio de cualificación que requiere el empleo. Cfe. Carnoy, Martin, El trabajo flexible en la era de la información, ed. Alianza, Madrid, 2000, p. 66 y ss.

97. Según ha expresado la doctrina, esta obligación del trabajador de desarrollar las actividades de formación profesional que pone a su disposición el empleador, se presenta como una de las manifestaciones de la obligación de colaboración -de alcances más genéricos- que también recae sobre él en virtud del contrato de trabajo.[195] La diligencia en el cumplimiento de la tarea y la colaboración con el empleador, obligaciones que naturalmente se derivan para el trabajador del contrato de trabajo, generan a su vez, la obligación del trabajador de encontrarse dispuesto a aceptar la formación que el empleador le proporcione.

Es posible que en algunas situaciones particulares, inclusive pueda detectarse un reforzamiento de la obligación de formarse del trabajador. Así acontecerá, por ejemplo, cuando la misma se hubiera explicitado en el propio contrato de trabajo, o cuando su cumplimiento resulte consustancial a la naturaleza de la actividad que se desarrolla.[196]

98. La negativa infundada del trabajador a aceptar las actividades de formación profesional que pone a su disposición el empleador y que tienen relación con su desempeño laboral, constituye un incumplimiento de sus obligaciones y provocará el surgimiento de su responsabilidad frente al empleador. El incumplimiento expondrá al trabajador a recibir sanciones disciplinarias cuya gravedad habrá de ser proporcional a la entidad de la falta cometida, considerando todas las circunstancias -atenuantes y agravantes- que se encuentren presentes en el caso concreto.

Es claro que la asunción por parte del trabajador de una actitud de este tipo, habilita al empleador a ejercer su facultad de despedirlo, sin que en principio pueda considerarse que en la misma haya existido abusividad.[197] Sin embargo, dependiendo de las características concretas que rodeen la situación, podría incluso llegarse a la configuración de una hipótesis de notoria mala conducta, lo que eximiría al empleador del pago de la indemnización por despido.[198] Pero al

195 Cfe. Barbagelata, H-H, Formación y legislación del trabajo: Tendencias de las recientes legislaciones sobre formación profesional, Cinterfor/Polform (OIT), Mdeo., 1996, p. 19, Barretto, H., La obligación de formar..., cit., p. 116 y ss.

196 Mirón Hernández, M., op. cit., p. 306.

197 A este respecto conviene recordar que conforme es señalado unánimemente por la jurisprudencia, rige en Uruguay un sistema de despido que atribuye al empleador la potestad discrecional de su ejercicio, siempre que el mismo no sea abusivo y con la única consecuencia de quedar obligado al pago de una indemnización legalmente tarifada.

198 Cfe. Mirón Hernández, M., op. cit., p. 306, Barretto, H., La obligación de formar..., p. 116 y 117. Este último autor hace referencia a que en este tipo de situaciones podría considerarse configurada una "justa causa" para operar el despido. Esta expresión -que carece de consecuencias concretas en el Derecho positivo uruguayo- podría hacer suponer que Barretto considera que en estos casos el despido sería lícito, no abusivo, pero que el empleador no necesariamente quedaría exonerado del pago de la correspondiente indemnización legal (de la que solamente queda eximido cuando media "notoria mala conducta", concepto que posee una connotación muy específica y que no resulta coincidente con la idea de "justa causa", empleada en otros ordenamientos jurídicos). Sin embargo, de lo que el mismo autor expresa algunas líneas más abajo, podría inferirse, a contrario sensu, que al aludir a justa causa, quiso tomarla como sinónimo de notoria

respecto, parece importante puntualizar que no frente a cualquier negativa del trabajador puede considerarse configurada la notoria mala conducta. Por el contrario, será necesario analizar si en la actitud del trabajador se encuentran presentes los elementos configurativos de tal eximente, que en todo caso deben poseer una particular gravedad y cuya prueba recae sobre el empleador.

99. También es posible que en ciertos casos, la negativa del trabajador a desarrollar las actividades de formación profesional que le proporciona al empleador, resulten suficientemente fundadas y que ello determine la inexistencia de un incumplimiento de su parte. En tal sentido, podría considerarse que esto acontece si las acciones de formación profesional que el empleador pretende proporcionar a su dependiente, implican para este último un sacrificio superior al razonablemente exigible.

Esta situación podría plantearse, por ejemplo, si las actividades de formación profesional cuya realización se impone al trabajador presentan una complejidad o un nivel notoriamente desproporcionado con respecto a la cualificación que este último posee y cuya realización no tuviera otro final previsible que no sea el de la frustración personal.

Algo similar ocurriría si las actividades de formación profesional que ofrece el empleador suponen el alejamiento prolongado del trabajador de su familia (estadías prolongadas en el extranjero), o la realización de tareas fuera del horario de trabajo. No menos trascendente resultarán otros elementos, como por ejemplo, la consideración de la edad del trabajador (un trabajador de avanzada edad o cercano a la jubilación, seguramente no tendrá la misma disposición a formarse que un joven) o la cualificación que previamente poseyere (en la medida que, por ejemplo, la formación ofrecida por el empleador pudiera significar una ofensa para la autoestima profesional que de la misma se derivare).

De este modo, es importante prestar atención a las características que rodean a cada caso concreto, pues solamente a partir de una apreciación razonable y objetiva de las mismas, podrá arribarse a una conclusión adecuada respecto de los límites de esta obligación del trabajador.

100. En cuanto a la naturaleza de esta obligación del trabajador, es importante tener en cuenta que la misma es *de medios* y que, en consecuencia, jamás podrá pretender el empleador que la no adquisición de conocimientos o habilidades por parte de su dependiente, constituyen un incumplimiento de aquélla. El trabajador cumple con la obligación que sobre él recae, aceptando la realización de las actividades formativas que el empleador le ofrece y desarrollándolas

mala conducta, pues señala que cuando el empleador opta por despedir a un trabajador que habiendo desarrollado las actividades de formación profesional, no logró adquirir las habilidades consecuentes, "...deberá abonar la indemnización por despido que corresponda...".

en forma diligente y de buena fe, poniendo su mejor disposición para adquirir las habilidades que a través de las mismas se pretende transmitir.

Sin embargo, si pese a ello no logra alcanzar las metas formativas previsibles, no puede considerarse que esto suponga un incumplimiento de su parte, pues su obligación no es *de resultado*, sino tan solo *de medios*.[199]

101. Los deberes de disciplina, obediencia, colaboración, lealtad, etc., que rigen la dinámica de la relación laboral, extienden su vigencia a las actividades formativas a desarrollarse por iniciativa del empleador, siempre que las mismas mantengan alguna conexión con el contrato de trabajo (en cuanto a lugares físicos en los que se desarrolla, horarios, actividades, etc.). En cambio, cuando la formación profesional se imparte exclusivamente en un contexto académico, el incumplimiento de aquellos deberes solamente será relevante en casos excepcionales, en la medida que sus consecuencias puedan llegar a afectar el prestigio de la empresa.[200]

4. Las obligaciones del trabajador que ha recibido formación profesional de su empleador

102. El trabajador que ha recibido una determinada formación profesional de parte de su empleador queda obligado a aplicar en su desempeño laboral los conocimientos y habilidades que a partir de la misma haya adquirido.

Sin embargo, la efectividad de esta obligación quedará condicionada a la presencia de determinados elementos, como por ejemplo: que las nuevas habilidades adquiridas por el trabajador puedan considerarse incluidas dentro de la categoría laboral que éste ocupa, o que en caso de corresponder a un nivel superior, el mismo haya sido previamente reconocido por el empleador. Es evidente que tampoco será exigible al trabajador que aplique lo aprendido si previamente el empleador no ha introducido en la empresa los elementos materiales que requiere el desarrollo de las nuevas habilidades, o si los mismos no cuentan aún con las condiciones necesarias de seguridad o con las habilitaciones que desde el punto de vista formal o técnico pudieran requerir.

En relación con este último aspecto, es importante tener presente que, por regla general, la adquisición de nuevas cualificaciones conlleva el incremento de las responsabilidades técnicas del trabajador, así como el desarrollo de mayores niveles de sensibilidad ética profesional.

199 En el mismo sentido, Barretto, H., La obligación de formar..., cit., p. 117.

200 Por ejemplo, esto podría acontecer si en medio de una clase, uno de los estudiantes-trabajadores comenzara a referirse en términos peyorativos o agraviantes a la empresa en la que se desempeña. Cfe. Mirón Hernández, M., op., cit., p. 308.

De allí que el trabajador no solamente *podrá* negarse a obedecer órdenes del empleador que impliquen un desconocimiento de sus nuevas responsabilidades técnicas o éticas, sino que *deberá hacerlo* en la medida que su cumplimiento puede exponer su propia responsabilidad personal frente a terceros.

5. ¿Surge una obligación de permanencia?

103. Es corolario de las obligaciones de colaboración, lealtad y buena fe, que el trabajador deba estar dispuesto a aplicar a su desempeño laboral los conocimientos y habilidades adquiridas a partir de la formación profesional que le ha brindado el empleador. De este modo, se considerará una grave falta que el trabajador omita deliberada e infundadamente la aplicación de tales habilidades en beneficio de la empresa, por ejemplo, con el espurio propósito de beneficiarse personalmente con la misma, ejercitando acciones de competencia desleal.

104. Una cuestión relacionada con lo que se viene exponiendo, consiste en analizar si el hecho de haber recibido el trabajador una formación profesional de parte del empleador, le genera automáticamente algún tipo de *compromiso de permanencia* en la empresa, o si por el contrario, se mantiene inalterado su derecho al receso unilateral del contrato de trabajo.

En principio, no parece justo que una empresa que ha invertido sumas importantes de dinero en brindar formación profesional a un dependiente, se vea privada de su participación a poco que éste la haya adquirido, debido a su decisión de renunciar para pasar a desempeñarse en la competencia.

A los efectos de precaver el acaecimiento de este tipo de situaciones, los empleadores que deciden proporcionar formación profesional de elevado costo a sus dependientes, suelen suscribir con éstos, convenios en los que se establece la obligación de brindar la formación profesional indicada y como contrapartida de la misma, la obligación del trabajador de permanecer en la empresa durante un determinado plazo mínimo y aplicar en beneficio de ésta, las habilidades adquiridas en el proceso de formación.

105. En el Derecho comparado pueden encontrarse algunas referencias a este tipo de convenios. Así, por ejemplo, el artículo 21 del Texto Refundido del Estatuto de los Trabajadores (TRELT) español regula el llamado "*pacto de permanencia*", acuerdo en virtud del cual el empleador tiene derecho a reclamar una indemnización del dependiente que habiéndose beneficiado con una formación profesional impartida a costo del primero, no permanece en la empresa durante un cierto período previamente convenido.

La norma prohibe la inclusión de esta clase de pactos en contratos de tipo "formativo", pues en éstos, el objeto contractual es la formación teórico-práctica y la misma no puede estar condicionada por los intereses de la empresa.

La formación profesional que habilita a suscribir estos pactos debe ser especializada y diferente de la que el empleador está obligado a brindar por disposición legal o convencional y su costo económico debe ser elevado, puesto que la finalidad del pacto consiste en compensar el sacrificio que en tal sentido hizo la empresa. La norma exige la solemnidad de su formalización por escrito y establece un plazo máximo de permanencia de dos años.[201]

106. Frente a la ausencia de toda norma explícita que refiera a este tipo de convenios y, seguramente como consecuencia de la escasa frecuencia con que los mismos se presentan por estas latitudes, no es posible detectar demasiados desarrollos doctrinarios nacionales a su respecto.[202]

La licitud de este tipo de pactos no puede ser objeto de cuestionamientos meramente apriorísticos y las respuestas merecen que previamente se analice cada una de las situaciones concretas en las que hayan sido acordados, a la luz del principio de razonabilidad. En cualquier caso, sería deseable qe algunas pautas de apreciación siempre estuvieran presentes, como por ejemplo:

-Que el pacto se establezca por escrito, como requisito *ad probationem*, pues mediante el mismo se introducen excepciones a las reglas generales que rigen al contrato de trabajo;

-Que la formación profesional que le sirve de sustento sea de alto costo económico o de difícil acceso para el trabajador;

-Que el plazo de la permanencia pactada sea razonable y proporcional a la complejidad y características de la formación profesional recibida por parte del trabajador. El plazo de la permanencia no debe terminar por desnaturalizar la libertad de salida que se reconoce al trabajador en la relación de trabajo;

-Que la empresa efectivamente utilice las habilidades adquiridas por el trabajador en el proceso de formación profesional, pues la omisión en tal sentido no solamente perjudica el interés del trabajador, sino que inclusive podría llegar a comprometer el interés general de la sociedad.[203]

Tampoco debe resultar ajena a las consideraciones del intérprete, la apreciación de las características del trabajador que suscribe este tipo de pactos, pues si bien los mismos pueden admitirse con mayor amplitud cuando se trata de trabajadores con determinada jerarquía o cualificación, en cambio debería emplearse

201 Mirón Hernández, M., op. cit., p. 310 y ss.

202 Barretto parece admitir su licitud aunque no sin ciertas hesitaciones. La obligación de formar..., cit., p. 118 y 119.

203 Por ejemplo, en el caso del desarrollo de actividades científicas que pueden aparejar beneficios para la salud.

un criterio más estricto con respecto a trabajadores que no poseen tales cualidades.[204]

107. Para finalizar, otros dos comentarios con respecto al compromiso de permanencia.

El primero de ellos, consiste en determinar si en ausencia de pacto expreso, es posible considerar que exista algún compromiso de permanencia específico por parte del trabajador que ha recibido la formación profesional. En principio debe darse una respuesta negativa: solamente será exigible jurídicamente la permanencia del trabajador cuando así se hubiere pactado expresamente.

Sin embargo, no puede descartarse la aplicación de las reglas generales en materia de responsabilidad contractual cuando, aún en ausencia de pacto expreso, el trabajador incurre en conductas claramente abusivas y perjudiciales para la empresa.

Este podría ser el caso, por ejemplo, de un trabajador que habiendo acordado ya su incorporación a otra empresa, mantenga oculta esta circunstancia a su actual empleadora para aprovecharse indebidamente de una formación profesional cuyo resultado tiene conciencia no habrá de volcar jamás en beneficio de esta última. Si bien la prueba de estos extremos puede llegar a ser extremadamente compleja, esto no descarta la pertinencia jurídica de una acción de responsabilidad contra el trabajador desleal por parte de la empresa perjudicada.[205]

El segundo comentario, surge a partir de un cambio en la perspectiva de análisis del pacto de permanencia, pues implica cuestionarse si el mismo no genera algún tipo de obligación suplementaria a cargo del empleador.

Según viene de decirse algunas líneas más arriba, una de dichas obligaciones consistiría en el debido aprovechamiento de las habilidades adquiridas por el trabajador, obligación dentro de la que a su vez, se incluiría, como corolario natural, la de brindarle ocupación efectiva. Pero además, en principio debe considerarse que la permanencia que se pacta *también es oponible al empleador*, pues no parece razonable -ni respetuoso del principio de igualdad jurídica de los contratantes, que edicta el artículo 1253 del Código Civil- que el establecimiento de un plazo mínimo de estabilidad solamente sea obligatorio para una de las partes, en desconocimiento de las legítimas expectativas que el esfuerzo por formarse también generarán en el trabajador.

De este modo, deberá interpretarse que el empleador -al igual que el trabajador- verá restringidas sus facultades de libre rescisión y solamente podrá dispo-

204 Cfe. Barretto Ghione, H., La obligación de formar..., cit., p. 119. Sobre la pertinencia de aplicar razonamientos diferentes en función de la situación en que se encuentra cada trabajador, ver Garmendia Arigón, M., Orden público y derecho del trabajo, cit., p. 138 y ss.

205 Tampoco puede descartarse la eventual responsabilidad de la empresa que emplee al trabajador, en la medida que logre probarse que ésta ha extraído un provecho ilícito de la situación.

ner el despido del trabajador cuando el mismo tenga fundamentos jurídicamente relevantes.

Capítulo V
La formación profesional y la determinación del salario y la categoría del trabajador

1. La formación profesional como criterio objetivo para la determinación de salarios

108. Existe una muy estrecha relación entre el salario, la categoría laboral y la formación profesional. La cualificación que posee el trabajador ha sido desde siempre uno de los elementos principales -sino el principal- para determinar el valor a atribuir al trabajo humano, constituyéndose en un criterio absolutamente asentado en la cultura contemporánea.

La sociedad actual considera "justo" y por ello deseable, que los salarios de los trabajadores se determinen en función de sus habilidades y, contrariamente, considera un "disvalor" que este criterio no sea aplicado a estos efectos. Esta relación de proporcionalidad directa que existe entre la formación profesional y el salario, es claramente evidente para cualquier trabajador, que sabe con certeza que sus perspectivas salariales dependen, en gran medida de la cualificación que esté en condiciones de exhibir.

Esto determina que la formación profesional adquiera, también por este motivo, una dimensión verdaderamente relevante en el funcionamiento social, al ser un factor culturalmente aceptado y valorado para la atribución de roles y distinciones, materiales o espirituales, en el seno de determinada colectividad.

109. Constituye una visión equivocada, debido a su extrema estrechez, considerar que el salario pueda ser considerado como una mera contraprestación material del esfuerzo laboral del trabajador. En su contribución a la obra colectiva en homenaje al Prof. Américo Plá Rodríguez, el autor norteamericano Alvin Goldman señalaba que "Aquellos que consideran al trabajo desde la estrecha perspectiva del análisis económico, frecuentemente cometen el error de tratarlo como si no fuese nada más que el intercambio del esfuerzo humano dirigido a obtener una compensación. En contraposición, aquellos que estudian al trabajo

desde la perspectiva de la actividad humana, lo consideran como algo más que un intercambio", recordando luego las palabras del ex-Ministro de Trabajo de los EE.UU., Willard Wirtz, en el sentido de que "El trabajo puede ser considerado como una fuente de producción, o como uno de los valores de la vida".[206]

El salario admite ser analizado desde diversas perspectivas, pues compromete un conjunto de necesidades que se generan desde los distintos ámbitos del universo laboral. En tal sentido, mientras que para el empleador el salario es uno de los elementos que le permite atraer, conservar y regular el comportamiento de los trabajadores; para el trabajador, es el medio que le posibilita la adquisición de bienes y servicios, y un factor fundamental en la determinación de su *status* y, finalmente, para la sociedad en general, el salario es un medio pacífico de distribución de la riqueza y , por ello, un mecanismo que determina la estructura y la movilidad social.[207]

Resulta evidente que el salario pone en juego un complejo entramado de elementos, circunstancias y valores, la mayoría de los cuales exceden con creces los limitados márgenes de las consideraciones económicas, para ubicarse en los profundos e inasibles niveles de la emotividad humana. Así, mientras la dimensión económica del salario permite dar satisfacción a las necesidades físicas de la vida, otros de los aspectos que involucra, permiten atribuir o quitar al trabajador la posibilidad de organizar su tiempo y actividades personales, ubicarlo socialmente y darle elementos de autosatisfacción psicológica, es decir, factores de índole eminentemente emocional.[208]

Esta capacidad que posee el salario para comprometer aspectos que forman parte de la conciencia profunda del individuo, define los términos de la amplia vinculación existente entre los *criterios que se aplican a su determinación* y el *sentido de la justicia,* individual y colectiva.

Una sociedad que se fije como meta la utilización de una pauta justa para la determinación de los salarios, deberá emplear correctamente el *principio de igualdad* a dicha actividad y en este sentido, *resultará esencial que las diferenciaciones salariales entre los trabajadores se establezcan a partir de sus diversos talentos, virtudes y cualificaciones.*

110. Esta necesaria presencia del sentido de justicia aplicado al salario, condiciona ineludiblemente que a los efectos de medir la "justicia" de la retribución que percibe, el trabajador incurra en una serie de comparaciones: a) por una parte, el trabajador compara su remuneración con la que reciben quienes realizan las mismas o similares tareas; b) en segundo lugar, el trabajador también compara

206 Goldman, Alvin, "Una perspectiva comparativa sobre la determinación de la remuneración del trabajador", in El Salario, Estudios en Homenaje al Profesor Américo Plá Rodríguez, T. I, Amalio Fernández, Mdeo., 1987, p. 511.

207 Goldman, A., op. cit., p. 513-514.

208 Goldman, A., op. cit., p. 514, nota Nº 5.

su remuneración con la de aquellos que trabajan a su alrededor realizando tareas diferentes a las suyas; y finalmente, c) el trabajador compara su retribución actual con la que recibía anteriormente.

Las dos primeras perspectivas comparativas, constituyen el llamado "*punto de referencia interpersonal*", en tanto que la tercera, proporciona el "*punto de referencia intertemporal*". De este modo, la idea de lo que es un salario "justo" no se basa exclusivamente en la consideración de la interacción oferta-demanda de los recursos escasos, sino en la determinación de factores que reflejan perspectivas personales de *status* social y modelos de comportamiento anterior.[209]

111. La preocupación por llevar amparo a la correcta aplicación del *principio de igualdad* a la materia salarial, ha determinado que las referencias al mismo hayan estado presentes en normas internacionales de primer nivel, desde antigua data. En dichas normas queda plasmada la máxima "igual salario por trabajo *de igual valor*", a partir de la cual se considera admisible y lícita la introducción de distinciones en la retribución de los trabajadores a partir del *valor concreto* que posea el desempeño laboral desarrollado por cada uno de ellos.[210]

En la atribución de un determinado *valor* al trabajo de la persona, la consideración de la formación profesional que ésta posea adquiere una importancia fundamental, pues implica la posibilidad de utilizar un criterio objetivo para la fijación de los salarios y no meramente producto de la mera subjetividad del empleador.

209 Annable, James Jr., The price of Industrial Labor 51, Lexington, MA, 1984, cit. por Goldman, A., op. cit., p. 515.

210 El Tratado de Versalles, de 1919, fue el primer instrumento internacional que recibió el principio de igualdad aplicado a la materia salarial. El artículo 427 del documento, reconoció "El principio del salario igual, sin distinción de sexo, por un trabajo de igual valor". El 10 de marzo de 1948, el Consejo Económico y Social de las Naciones Unidas adoptó una resolución por la cual declaraba aprobar el principio de la igualdad de remuneración, por un trabajo de igual calidad, entre la mano de obra masculina y la mano de obra femenina. Nueve meses después, el 10 de diciembre de 1948, la Declaración Universal de los Derechos del Hombre, reconoció el derecho a un salario igual por un trabajo igual, sin ninguna discriminación (artículo 23, inciso 2). En 1951, la Conferencia Internacional del Trabajo de la OIT, aprobó el convenio N° 100, sobre igualdad de remuneración entre la mano de obra masculina y femenina para un trabajo de valor igual. El convenio internacional N° 111, sobre la discriminación en materia de empleo y de profesión, si bien no alude explícitamente a la materia salarial, procura obligar a los Estados a aplicar una política nacional tendiente a promover la igualdad de oportunidades en materia de empleo y profesión. Ambos Convenios Internacionales de Trabajo fueron ratificados por Uruguay (ley N° 16.083, del 6 de octubre de 1989). En 1966 el tema retornó al ámbito de las Naciones Unidas, cuando el Pacto sobre Derechos Económicos, Sociales y Culturales sentó el principio de una remuneración igual por un trabajo de igual valor, sin distinción alguna (artículo 7, literales a) e i),. La Convención Internacional sobre la eliminación de todas las formas de discriminación respecto de las mujeres, (ONU, 18.12.1979) proclamó la igualdad de salario entre hombres y mujeres, por trabajo de igual valor, así como la igualdad de tratamiento en lo que concierne a la evaluación de la calidad del trabajo. Similares términos se incluyeron en el artículo 5, literal e) de la Convención Internacional sobre la eliminación de todas las formas de discriminación racial (1965), y posteriormente, la Declaración de Derechos Humanos de los individuos que no son nacionales del país en que viven, de 1985 (artículo 8.1, literal a). El Protocolo Adicional a la Convención Americana sobre Derechos Humanos, también consagró el principio de igual salario para trabajo de igual valor (artículo 7, literal a).

La relevancia que a este respecto posee la formación profesional, fue debidamente advertida por el legislador cuando al determinar las pautas que los Consejos de Salarios habrían de tener en cuenta a los efectos de proceder a aumentar los niveles retributivos, se previó específicamente que una de ellas debía ser "La capacidad o calificación del trabajador".[211]

Más recientemente, la jurisprudencia ha admitido que la consideración de la cualificación que ostenta el trabajador, puede representar una pauta lícita de diferenciación salarial, incluso aplicable a trabajadores que se desempeñan en la misma categoría laboral, abandonando el criterio de la equiparación salarial absoluta.[212]

2. La naturaleza salarial de la formación profesional proporcionada por el empleador

112. Pero la vinculación existente entre salario y formación profesional todavía puede ser abordada desde otra perspectiva. En este caso, la misma consiste en señalar que la propia formación profesional que el empleador le proporciona al trabajador puede ser considerada una parte de la retribución salarial que éste último recibe, en la medida que pueda significar una ventaja económica para él.[213]

En algunos casos, esta formación profesional podrá consistir meramente en un "salario indirecto", difícil de cuantificar con exactitud en términos económicos. En otros casos, asumirá formas mucho más tangibles y definidas, pudiendo incluso llegar a representar un aspecto sustantivo del beneficio que el trabajador ve derivarse de su desempeño laboral (como suele acontecer en el caso de los contratos de trabajo que poseen un objeto eminentemente formativo).

211 El artículo 17 de la ley N° 10.449 dispone: "Los Consejos que se crean por esta ley fijarán salarios de la industria y el comercio, teniendo especialmente en cuenta para aumentarlos, los siguientes elementos: 1) Las condiciones económicas del lugar o del país. 2) El poder adquisitivo de la moneda. 3) La capacidad o calificación del trabajador. 4) La peligrosidad para su salud, de la explotación industrial o comercial. 5) El rendimiento de la empresa o grupo de empresas". Cfe. Barretto, H., La obligación de formar..., cit., p. 102.

212 En esta línea, se encuentra por ejemplo, la sentencia N° 57 del 19 de julio de 1994, del Juzgado Letrado de Primera Instancia del Trabajo de 8° Turno, la que admitiendo la existencia en nuestro Derecho del principio de igualdad salarial, establece como premisa para su aplicación, la acreditación del "...supuesto de hecho que el mismo reclama: la igualdad de trabajo", siendo carga del trabajador probar que entre él y con quien se compara, "...llevaban a cabo exactamente la misma tarea, poseían la misma preparación técnica, tenían igual cantidad de trabajadores a su cargo, similar antigüedad, etc." El empleador tiene la potestad de atribuir un valor determinado (traducible en un salario diferencial) a ciertas pautas objetivas entre las que se destaca la formación profesional que tenga el trabajador. El mismo temperamento se manifiesta en la sentencia de la Suprema Corte de Justicia, N° 68, del 2 de abril de 1997. Sobre el tema, ver más apliamente: Garmendia Arigón, M., "El principio de igualdad aplicado a la materia salarial", in Temas Prácticos de Derecho Laboral 2, FCU, 2001.

213 Es relativamente frecuente que ciertas instituciones educativas ofrezcan a sus dependientes ciertos beneficios o exoneraciones dirigidos a determinados familiares directos del trabajador.

Sin embargo, no cualquier tipo de formación profesional que el empleador proporcione a su dependiente habrá de ser apreciada como una parte del salario en especie que éste recibe, sino tan sólo aquella que claramente signifique una ventaja económica. Esto determina que, por ejemplo, no pueda considerarse como poseedora de naturaleza salarial a aquella formación profesional que el empleador brinda al trabajador porque le resulta absolutamente imprescindible para desarrollar la tarea que específicamente tiene adjudicada en la empresa. Tampoco podrá ser considerada como salarial la formación profesional que el trabajador adquiere naturalmente, por el mero hecho de desarrollar la actividad y que no le es brindada en forma específica.

113. En otros casos, en cambio, el carácter salarial aparece más nítidamente, como por ejemplo acontece cuando el empleador financia al trabajador la realización de cursos ó estudios que no guardan una relación directa con el desempeño de la actividad, o cuando el beneficiado con este tipo de actitudes no es directamente el trabajador, sino un familiar suyo.

En cualquier caso, parece razonable que la consideración de las notas de normalidad y permanencia, no deberían estar del todo ausentes en la apreciación del carácter salarial de la formación profesional que recibe el trabajador, pues sería contrario al sentido común que, por ejemplo, se considerara con naturaleza salarial una concreta y brevísima actividad formativa desarrollada por el trabajador, necesaria para comprender el manejo de una nueva máquina que se ha incorporado a la empresa.

3. Categorías y promociones

114. Todo cuanto fuera señalado respecto de la importancia que posee la formación profesional como criterio valorativo del salario, también resulta aplicable a la determinación de la categoría laboral del trabajador.

La formación profesional que posea el trabajador constituye una unidad de medida principalísima para su ubicación dentro del esquema organizativo de la empresa, así como para la atribución de tareas adecuadas. La formación profesional también será factor esencial para determinar los niveles de responsabilidad y diligencia que puedan esperarse del trabajador, elementos que, naturalmente, habrán de incidir directamente en la fijación de su retribución.

El abordaje de este tipo de cuestiones ha centrado la atención de los actores del universo laboral desde vieja data y lo que otrora se definiera como "*evaluación de tareas*", hoy asume otros nombres, como "*competencias laborales*", noción de contornos difíciles de precisar con exactitud, pero que parece incluir la valorización de "...conocimientos generales y específicos, habilidades y calificaciones que le permiten a la persona desempeñarse correctamente, de acuerdo al resultado esperado y con capacidad para resolver con éxito situaciones inciertas, nuevas e irregulares. Incluye también aspectos actitudinales, como la capacidad de iniciativa, el trabajo en equipo, la cooperación, asunción de responsabilidades, resolución de problemas, etc." [214]

115. Sin embargo las nuevas formas de producción y organización del trabajo, han determinado la vetustez de los sistemas laborales basados en la determinación de categorías estrictamente definidas, jerarquizando las ideas de la "*polivalencia*" y la "*movilidad funcional*" del trabajador.

Por su estrecha vinculación con las iniciativas flexibilizadoras, estas nuevas tendencias han generado resistencias en la doctrina *juslaboralista*, que ve en ellas un instrumento que habilita un incremento desmesurado y, sobre todo, descontrolado de los poderes de dirección del empleador y de "descontractualización" del vínculo laboral.

De este modo en cierta medida, la formación profesional también ha comenzado a transformarse en mecanismo indispensable para abandonar la idea de la "categorización" pues a través de ella el trabajador adquiere habilidades que le permiten asumir en solitario, un conjunto de tareas que en otros tiempos se dividían entre varios dependientes. Esto determina que, como gráficamente señala Barretto: "El empleador toma para sí -y lo exige como parte del "sinalagma contractual"- un conjunto de saberes, habilidades y competencias (la suma de la profesionalidad del trabajador, en definitiva) que no tenían expresión directa en la relación de trabajo y sólo constituían un arsenal potencial del trabajador para mejorar su empleo o aspirar a un ascenso en la empresa".[215]

Algunos otros desarrollos sobre estos mismos temas serán realizados al abordar la cuestión de la formación profesional y el *jus variandi*.

214 Barretto, H., La obligación de formar..., cit.,p. 84. Según el autor es "Este elemento tan "moderno" e intangible el que denota la originalidad de la competencia respecto de la calificación"

215 Barretto, H., La obligación de formar..., cit., p. 102. En otro tiempo, la formación profesional, la adquisición de nuevas habilidades, representaba para el trabajador una perspectiva de ascenso, de promoción, de pasaje hacia categorías superiores y consecuentemente de mejoras salariales. En la actualidad, el manejo de habilidades diversas se presenta, cada vez más, como una exigencia para acceder a un puesto de trabajo y lograr conservarlo.

Capítulo VI
Formación profesional y tiempo de trabajo

1. La formación profesional y el concepto "tiempo de trabajo efectivo"

116. La respuesta para la interrogante referida a si el tiempo que insume el desarrollo de las actividades de formación profesional debe ser asumido por el empleador o por el trabajador, dependerá en gran medida de las características concretas que posean las mismas y, sobre todo, de la posición que se adopte con relación al tema de la existencia o no de una obligación patronal de proporcionar formación a sus dependientes.[216]

Tal como acontece con respecto al resto de los temas que se vienen desarrollando, tampoco en este caso es posible detectar normas positivas que, con carácter general, hagan referencia a esta cuestión.

Uruguay no ha ratificado el convenio internacional de trabajo N° 140, sobre licencia pagada de estudios, que fuera adoptado por la 59ª Conferencia General de la OIT, el 5 de junio de 1974 y solamente abordan tangencialmente algunos aspectos relativos al tiempo destinado a la formación profesional, ciertas normas especiales, relativas a los contratos formativos.

Así, por ejemplo, puede citarse el artículo 17 de la ley N° 16.873 que, refiriéndose al "contrato de aprendizaje" dispone que en aquellos casos en que se prevean horas o jornadas de formación teórica fuera del establecimiento, "los mismos se considerarán como tiempo efectivamente trabajado a todos los efectos, siempre que así hubiera sido previamente convenido".

Esta norma -que ya fuera comentada *supra*[217]- no parece tener verdadera trascendencia jurídica, pues en definitiva, se limita a delegar en las partes del contrato de aprendizaje, la posibilidad de acordar que el tiempo que insume el desarrollo de las actividades de aprendizaje teórico, pueda ser considerado como tiempo de trabajo efectivo; pacto para cuyo perfeccionamiento no resultaba exigible ningún tipo de autorización legal, en la medida que, siendo favorable al interés

216 Ver supra, Capítulo III, numeral 2.4.
217 Ver Capítulo III, numeral 2.5: El contrato de aprendizaje tradicional en el Derecho positivo.

del trabajador, se encuentra perfectamente incluido dentro del ejercicio legítimo de la autonomía de la voluntad que poseen los sujetos de la relación de trabajo.

Dado que la norma no dispone imperativamente que dicho tiempo deba ser considerado como *"efectivamente trabajado"*, en ausencia de acuerdo entre las partes, no podría ser considerado de este modo. Por otra parte, no llega a advertirse cuáles podrían ser las motivaciones que inspiraran al empleador a aceptar un acuerdo de este estilo, en la medida que no se deriva para él ningún tipo de atractivo o facilidad.

De este modo, la norma parece tener un destino práctico poco interesante, no siendo posible atribuirle otra finalidad real que la de aparecer como una suerte de "sugerencia" o "buena inspiración", carente de cualquier virtualidad jurídica real.

117. En consecuencia, resultan de aplicación para la dilucidación de estos temas, las normas que con carácter general regulan las cuestiones relativas al tiempo de trabajo y, en particular, la definición contenida en el artículo 6º del decreto del 29 de octubre de 1957, donde se establece que "A los efectos del cómputo de horas de trabajo se considera trabajo efectivo todo el tiempo en que un obrero o empleado deja de disponer libremente de su voluntad o está presente en su puesto respectivo a la disposición de un patrono ó superior jerárquico...".

Entonces, cuando el desarrollo de las actividades de formación profesional no supongan una ruptura del estado de *"permanencia a la orden"* que caracteriza a la actividad laboral, los períodos destinados al aprendizaje habrán de considerarse como *"tiempo efectivo de trabajo"*. Esto acontecerá, naturalmente, en aquellos contratos de trabajo en los que el empleador asume a su cargo la obligación de impartir formación específica al trabajador, pues en tales casos las actividades formativas constituyen parte sustantiva del objeto contractual. También se considerará *tiempo efectivo de trabajo* el que insuman las actividades formativas que se realicen durante el desarrollo de relaciones laborales típicas (es decir, donde no existe un pacto formativo específico), cuando en las mismas se encuentre directamente comprometido el interés del empleador.

Se da por sobreentendido que en estos casos, el temperamento debe ser el propuesto, cuando la formación se imparte concomitantemente con el desempeño laboral cotidiano y coincidentemente con el decurso de la jornada habitual de trabajo. Sin embargo, también debe llegarse a la misma conclusión cuando las actividades formativas se desarrollan de manera más autónoma respecto del desempeño normal del trabajo (fuera del establecimiento, fuera del horario habitual, predominantemente teórica, etc.), siempre que los mismos tengan su origen en el *interés predominante del empleador.*

118. De este modo, cuando la formación profesional es proporcionada por el empleador en cumplimiento de una obligación específica o genéricamente asu-

mida[218] debe concluirse que, en principio, la misma se considerará comprendida dentro de la noción de "*trabajo efectivo*", pues tanto en la iniciativa que le da origen, como durante su desarrollo, el trabajador no dispone libremente de su voluntad, sino que se encuentra sometido al poder de dirección del empleador.

En cambio, en aquellos casos en los que resulte objetivamente apreciable la presencia de un interés personal del trabajador en el desarrollo de la formación (por ejemplo, cuando ésta no solamente está dirigida a mejorar su desempeño en la empresa, sino que supone la adquisición de ciertas habilidades o conocimientos que puedan considerarse favorables para el desarrollo integral de la persona) deberá admitirse que los lazos de dependencia respecto de la voluntad del empleador se hacen más ligeros y que el trabajador recupera la disponibilidad de su tiempo y decide emplearlo en estas actividades.

119. Según viene de verse, entonces, no es posible afirmar, genéricamente y en abstracto, que en todos los casos en que el empleador haya asumido a su cargo el desarrollo de las actividades formativas, el tiempo que éstas insuman deba considerarse como "tiempo de trabajo".

Obsérvese que es posible que el empleador acepte asumir a su cargo el costo de una formación profesional en la que no tiene interés directo, pero que beneficia particularmente al trabajador y no sería razonable que en estos casos, el tiempo que la misma absorbe pueda ser considerado como tiempo de trabajo.

Lo que sí parece trascendente a los efectos de resolver estas situaciones, es el análisis del interés prevaleciente que en cada una de ellas esté presente. Cuando la formación profesional interese exclusivamente al empleador, será razonable considerar que el tiempo que insume su desarrollo deba ser tomado como efectivamente trabajado, pero en la medida que pueda apreciarse la presencia de un interés directo del trabajador, será más correcto sostener que el tiempo que la misma insume, no tenga dicha condición.

2. Facilidades en materia de tiempo para la formación profesional

120. Otra perspectiva que ofrece el análisis de la relación existente entre formación profesional y tiempo de trabajo es aquella que tiene que ver con determinar si es exigible al empleador que otorgue facilidades de horario a los dependientes que desarrollan actividades de formación profesional.

Es obvio que la duda solamente habrá de plantearse en los casos en que la formación profesional se desarrolla a raíz del interés exclusivo del trabajador,

218 Por ejemplo, en los casos de contratos con objeto formativo, o en las situaciones en las que la formación deviene exigible por la introducción de variantes en la forma habitual de trabajar, según se expresara supra, Capítulo IV, numeral 2.4.

puesto que en aquellas situaciones en las que es el empleador el interesado en que el trabajador se forme, se descarta que aquél no solamente debe facilitar su acceso a estas actividades, sino que asumirá positivamente su promoción.

En este sentido, es relativamente frecuente que en las reglamentaciones dirigidas a la actividad de los funcionarios públicos, se contemplen algunas facilidades en materia de tiempo de trabajo con la finalidad de permitir el desarrollo de actividades de formación profesional.

Estas facilidades pueden consistir en licencias por estudios o por exámenes (con o sin remuneración), horarios reducidos o más flexibles, etc. El artículo 33 de la ley N° 16.104, de 23 de enero de 1990, en la redacción dada por el artículo 30 de la ley N° 16.736 (artículo 347 del TOFUP) establece que la licencia de estudiante corresponde a los funcionarios que cursen estudios en institutos de enseñanza pública y privada habilitados en los ciclos de Enseñanza Secundaria Básica y Superior, Educación Técnico-Profesional Superior, Enseñanza Universitaria, Instituto Normal y de análoga naturaleza pública o privada. Tiene una duración de hasta treinta días hábiles anuales para rendir pruebas o exámenes y puede otorgarse fraccionada. A los profesionales que cursen estudios de grado o posgrado se les podrá conceder dicha licencia cuando los cursos redunden en beneficio directo de la Administración, a juicio del jerarca. Por su parte, el artículo 39 de la ley N° 16.104 (artículo 357 del TOFUP) dispone que la realización de cursos o pasantías de perfeccionamiento, el desempeño de tareas docentes, la concurrencia a congresos o simposios u otros actos similares, dentro o fuera del país, cuando sean declarados convenientes o de interés para la Administración, por el Ministro o jerarca respectivo, serán considerados "actos en comisión de servicio".[219]

121. En la actividad privada no existen disposiciones similares emanadas del poder normativo estatal,[220] aunque sí pueden detectarse algunas escasas pre-

219 Cfe. Correa Freitas, Ruben y Vázquez, Cristina, Manual de Derecho de la Función Pública, FCU, 1998, p. 185 y 186.

220 En el Derecho comparado existen diversos ejemplos sobre facilidades horarias para los trabajadores que desean realizar actividades de formación profesional. En Argentina, la ley N° 24.467 (23 de marzo de 1995), relativa a pequeñas y medianas empresas, reconoce a los trabajadores el derecho de requerir a su empleador "una adecuación de su jornada laboral a las exigencias de dichos cursos". La ley N° 24.576, que reconoce a la promoción profesional y la formación en el trabajo, como un "derecho fundamental para todos los trabajadores y trabajadoras", establece el derecho a contar con cierto número de horas en el año -cuya determinación delega a la autonomía colectiva- para realizar actividades de formación "...que juzgue de su propio interés". En Cuba, el decreto N° 91, del 25 de mayo de 1955, reglamenta las facilidades laborales que se brindan a los trabajadores que estudian en la educación superior previendo, entre otras medidas, la concesión de días de licencia, e incluso la exoneración de la obligación de trabajar a los efectos de la realización de cursos en horarios diurno. En Chile, se dispone que los trabajadores que emprendan actividades de formación profesional mantienen íntegramente sus remuneraciones, cualquiera que fuere la modificación de sus jornadas de trabajo (artículo 33 de la ley N° 19.518. No obstante, las horas extraordinarias destinadas a la capacitación, no generan derecho a remuneración). Sin embargo, en cuanto a las facilidades en materia de horarios, el artículo 69 de la ley N° 19.518, dispone que cuando los cursos de capacitación están dirigidos a trabajadores de baja calificación laboral que tienen por finalidad mejorar las competencias

visiones del estilo en ciertos convenios colectivos, según habrá de exponerse con mayor detalle en el capítulo correspondiente.

El silencio normativo que predomina en la actividad privada no es obstáculo para que por la vía del convenio individual, trabajador y empleador acuerden el establecimiento de ciertas condiciones en referencia a estos temas. Así, por ejemplo, es perfectamente válido que se pacte la reducción de la jornada de trabajo (inclusive con la disminución proporcional del salario) a los efectos de permitir que el trabajador desarrolle sus estudios, así como también, el goce de licencias (retribuidas o no) con la finalidad de realizar cursos o rendir algún examen.

De cualquier forma, cabe realizar un comentario final con relación al desequilibrio que en este tema se detecta entre el régimen aplicable al sector público y el vigente para la actividad privada. El dictado de alguna reglamentación dirigida a los trabajadores de la actividad privada, o la ratificación del convenio internacional de trabajo N° 140, sobre licencia pagada de estudios, se presentan como medidas necesarias, no solamente con la finalidad de promover el acceso de actividades de formación profesional sino además, como una indispensable acción para comenzar a estrechar la brecha entre los beneficios que gozan los funcionarios públicos y los que poseen los trabajadores de la actividad privada.

laborales y facilitarles el acceso a un empleo o actividad de carácter productivo (artículo 46, literal "d" de la misma ley) los mismos deben "...desarrollarse fuera de las jornadas de trabajo, a menos que el empleador autorice la reducción de la jornada. Con todo, si las exigencias de aquéllos hicieren necesaria una disminución de la jornada laboral, los trabajadores seleccionados tendrán derecho a ella, y el empleador deberá reducir la jornada, pudiendo rebajar proporcionalmente las remuneraciones salvo en el caso que el curso tenga relación directa con las funciones y especialidades propias de la respectiva empresa. Para los cesantes y personas que buscan trabajo por primera vez, los cursos podrán realizarse en cualquier horario".

Capítulo VII
Formación profesional y *jus variandi*

122. El *jus variandi* consiste en la potestad que se reconoce al empleador, de variar, dentro de ciertos límites, las modalidades de prestación de las tareas del trabajdor.[221] Según ha sido desarrollado extensamente por la doctrina y la jurisprudencia, se trata de una facultad unilateral del empleador, que solamente puede ser ejercida dentro de ciertos límites, de forma tal que, sintéticamente podría señalarse que mediante su ejercicio no pueden afectarse sino aspectos secundarios de la forma en que se presta la actividad.[222]

La formación profesional proyecta diversas consecuencias sobre esta figura, pues, por un parte puede visualizarse desde la perspectiva de constituirse en un límite para su ejercicio y por otra, también es posible que a partir de la formación profesional se promuevan determinadas variaciones, en el vínculo laboral.[223]

123. Según se indicara, la obligación más elemental que puede reconocerse a cargo del empleador en relación con la formación profesional, consiste en mantener un comportamiento estrictamente.respetuoso hacia su desarrollo por parte del trabajador.

Esta obligación patronal se reduce a un "no hacer", consistente en evitar incurrir en comportamientos que tiendan a impedir u obstaculizar las iniciativas que en materia de formación profesional pueda tener el trabajador. La misma es la consecuencia natural de la condición de derecho humano fundamental que es posible reconocer en la formación profesional, dada su amplia recepción en instrumentos internacionales de primer orden.

De este modo, la formación profesional se presentará como un límite para el ejercicio indiscriminado del *jus variandi* por parte del empleador, y lo será en diversos aspectos.

221 Plá Rodríguez, Américo, Curso de DL, T II, vol. 1. Ed. Acali, Mdeo, 1978, p. 76.
222 Plá Rodríguez, A., ídem, Ermida Uriarte, O, Modificación de condiciones de trabajo por el empleador, Hammurabi, Bs.As., 1989, p. 32 y ss.
223 Cfe. Barretto, La obligación de formar..., p.109.

En efecto, ya fue señalado que la formación profesional constituye un elemento de importancia crucial para atribuir al trabajador una determinada categoría laboral y delimitar algunas características fundamentales, de las que habrán de ser algunas de sus obligaciones en el marco del contrato de trabajo (diligencia exigible, colaboración, obediencia, etc.). Ese acto originario mediante el cual se ubica al trabajador dentro del esquema organizativo de la empresa y en virtud del cual también habrá de establecerse, por ejemplo, su salario), habrá de pautar los límites de las potestades modificativas que estará en condiciones de ejercer el empleador durante el decurso del vínculo laboral.[224]

En tal sentido, las variaciones quedarán necesariamente condicionadas a que se realicen con estricto respeto de la *"profesionalidad"* del trabajador, concepto dentro del que se incluye la idea del respeto a la dignidad de este último.[225] Esto vedará la posibilidad de que el empleador pretenda ejercer el *jus variandi* imponiendo al trabajador la realización de tareas que impliquen un menoscabo de su dignidad profesional.

124. Pero también la formación profesional oficiará como límite para el ejercicio del *jus variandi,* cuando la variación que pretenda introducirse pueda determinar un impedimento o una obstaculización para el desarrollo de actividades formativas, por parte del trabajador.

Esto puede acontecer, por ejemplo, cuando la variación supone la imposibilidad de continuar realizando tareas que eran afines y complementarias de la formación que el trabajador estaba desarrollando a nivel académico (por ejemplo, un estudiante de Ciencias Económicas que es trasladado del departamento contable a otra sección de la empresa, que no guarda ninguna relación con su Carrera); o cuando la introducción del cambio impide, de hecho, la prosecución normal de los estudios (por ejemplo, variaciones en los horarios o en los lugares en que se desarrollan las tareas, etc.).

A los efectos de apreciar la licitud o ilicitud de las variaciones que intenta plasmar el empleador, deberá recurrirse a los criterios que rigen con carácter general el ejercicio del *jus variandi.* En especial, habrán de tenerse en cuenta los llamados *"límites funcionales vinculados con el trabajador"*, en virtud de los cuales, el ejercicio del *jus variandi* supondrá la ausencia de perjuicios para el trabajador. Del mismo modo que acontece en otros casos, este perjuicio debe ser efectivamente tal, es decir, que debe ser razonablemente relevante y no constituir "una simple molestia o mero cambio de rutina o de costumbre..."[226]

224 Sobre el punto, ver Barretto, H., La obligación de formar..., cit., p. 108.
225 Valdés de la Vega, Berta, op. cit., p. 23 y ss.
226 Plá Rodríguez, Curso, T II.,vol.1. cit.,p.188. En el mismo sentido, Ermida Uriarte, Modificaciones....,cit. P.78

125. Para finalizar con este tema, corresponde remitirse a lo que fuera señalado *supra* en cuanto a la introducción de variaciones en la forma de prestación de la tarea (sean de índole organizativa, tecnológica, etc.) y las consecuentes obligaciones que en materia de formación profesional esto trae como consecuencia. También en este caso se genera un vínculo entre la formación profesional y el *jus variandi*, puesto que la iniciativa patronal de introducir un cambio en la forma habitual de prestación de la tarea, trae aparejada la consecuencia automática de crear a su cargo la obligación de proporcionar a sus dependientes, la formación profesional que requiera la adaptación a la nueva modalidad de trabajo.[227]

Sin embargo, cabe insistir una vez más, que el mero hecho de estar dispuesto el empleador a asumir integralmente esta obligación de formación, no necesariamente habrá de constituir factor legitimante de la introducción de la variante, la que, en todo caso, deberá ser analizada en cuanto a su licitud, a partir de los criterios generalmente aplicables al ejercicio del *jus variandi*.

227 Capítulo IV, numeral 2.4.

Capítulo VIII
Formación, despido y seguro de paro

1. Formación profesional y despido

126. En los capítulos precedentes han sido analizadas las proyecciones que la formación profesional presenta en diversos aspectos del contrato de trabajo y se ha hecho referencia a una serie de obligaciones que para el empleador y el trabajador se derivan a partir de la misma.

Corresponde ahora ingresar en la etapa de la extinción del vínculo laboral y determinar en qué medida la formación profesional puede tener incidencia en la misma.

1.1. Formación profesional y la facultad de despedir del empleador

127. Parece resultar una opinión consolidada, que el ordenamiento jurídico uruguayo regula el instituto del despido a partir de su reconocimiento como una facultad discrecional del empleador.

De este modo, la decisión empresarial de despedir a un trabajador no necesariamente deberá encontrarse fundada en alguna circunstancia habilitante (disciplinaria, financiera, organizativa, tecnológica, etc.), sino que su ejercicio es de carácter discrecional para el empleador.

Sin embargo, esto no quiere decir que el análisis de los motivos inspiradores de la decisión patronal de despedir, resulten del todo intrascendentes. Por el contrario, la motivación adquiere relevancia, pues la discrecionalidad nunca puede ser tomada como sinónimo de "arbitrariedad" y, en consecuencia, el empleador podrá despedir libremente siempre que el ejercicio de esta facultad se mantenga dentro de límites lícitos.

Así, estará vedado al empleador despedir a un trabajador cuando su decisión esté basada en motivaciones jurídicamente inadmisibles, como por ejemplo lo serán, aquellas que supongan actitudes discriminatorias (por razones políticas, religiosas, sindicales, raciales, de género, etc.). Cuando esto acontezca, el empleador habrá incurrido en un ejercicio abusivo de su facultad de rescisión unilateral del vínculo laboral y este comportamiento tendrá como consecuencia que la indemnización económica que tendrá derecho a percibir el trabajador, pueda superar los límites de la tarifa establecida legalmente.[228]

128. En determinadas circunstancias podría acontecer que la decisión patronal de despedir al trabajador encontrara su motivación en propósitos antijurídicos vinculados con la formación profesional, determinando que, como consecuencia del ilícito ejercicio del despido, tal comportamiento pudiera ser considerado como abusivo.

Esto podría suceder, por ejemplo, cuando el empleador despide al trabajador con la intención de provocarle un perjuicio en relación con su formación, impidiéndole acceder a mecanismos que permitirían o facilitarían su desarrollo.

En estos casos, la abusividad sólo podría invocarse cuando fuera posible acreditar la existencia de un *nexo de causalidad* directa entre el despido y el perjuicio y, además, la presencia del *animo dañoso* en el agente que lo provoca. La presencia de tales condiciones es exigible porque si bien en todo despido puede encerrarse un perjuicio más o menos directo para la formación profesional del trabajador, no es razonable que en todos los casos deba considerarse configurada la abusividad.

La tipificación de abusividad sólo será pertinente cuando el empleador haya recurrido al despido con la finalidad directa de afectar el derecho del trabajador a la formación profesional y cuando el daño provocado a la misma como consecuencia de tal hecho, sea *cualitativamente diferenciable* del inherente a todo despido (cuya reparación está destinada a contemplar la indemnización tarifada legalmente).

129. También se considerará abusivo el ejercicio de la facultad de despedir, cuando mediante el mismo se provoque un daño a la dignidad profesional del trabajador, por ejemplo, debido al hecho de ir acompañado de cuestionamientos indebidos hacia la cualificación o aptitud laboral.

En estas situaciones, además del daño moral que íntimamente se puede estar provocando al trabajador, se suelen generar perjuicios de otra índole, como seguramente lo es, el derivado de exponer al trabajador a los rumores que pongan en tela de juicio sus aptitudes técnicas.

228 Tal como ha sido aceptado por la jurisprudencia y la doctrina. Barbagelata, H-H, Derecho del Trabajo, T I, vol.2, cit., p.242; Mangarelli, Cristina, El daño moral en el derecho laboral, Mdeo, Acali, 1984; Ermida Uriarte, O, "El concepto de despido abusivo", in revista Derecho Laboral, t XXVIII, p. 521 y ss., Castello, Alejandro, "El despido abusivo. Criterios conceptuales para su determinación", revista Derecho Laboral, t. XXXVIII, p. 775, Pérez del Castillo, Santiago, "La Jurisprudencia del Tribunal de Apelaciones del Trabajo sobre daño moral en ocasión del despido", revista Derecho Laboral, T. XXIX, etc.

De este modo, el daño que se provoca al trabajador despedido no será exclusivamente moral, sino que incluso tendrá connotaciones de carácter material, en la medida que le prive o le dificulte las posibilidades de acceder a un nuevo empleo en el futuro o, inclusive, de ejercer en forma autónoma su profesión u oficio.

La especial sensibilidad que en estas situaciones asume el bien jurídico que se está tutelando (que no es otro que la dignidad y el honor del trabajador) y la fragilidad que lo caracteriza debido a la facilidad con que puede ser lesionado, hace exigible al empleador la obligación de fundamentar las razones que lo impulsaron a despedir a su ex dependiente.

Existen determinadas actividades cuyo desempeño requiere altos grados de cualificación técnica. Para acceder a puestos de trabajo de este tipo es habitual que el aspirante sea sometido a severas pruebas de aptitud y posteriormente, durante el desarrollo de las actividades, es natural que la valoración de la corrección o incorrección del desempeño laboral del trabajador, atienda en forma privilegiada a la forma en que es capaz de demostrar sus habilidades técnicas.

En estos casos, en que la formación profesional que posee el trabajador representa un factor de importancia central para acceder y mantenerse en determinadas puestos de trabajo, es natural que la decisión de despedirlo sea atribuirle, en principio, a una insatisfacción respecto de su desempeño técnico o profesional.

Por este motivo, en este tipo de situaciones, el silencio del empleador acerca de las razones del despido, conllevará un cuestionamiento hacia su aptitud o cualificación, determinando el surgimiento para el empleador de una obligación de explicitar los motivos de su decisión como forma de dejar salvada la profesionalidad del trabajador que ha sido despedido.

En la misma línea de razonamiento que fuera expuesta al analizar el contrato de prueba[229] debe señalarse para este caso, que si bien no es posible sostener que el trabajador tenga un *derecho subjetivo* a permanecer en el cargo, en cambio si lo tendrá respecto a la posibilidad de exigir que se le expliciten las razones por las cuales ha sido despedido, en la medida que el mantenimiento del silencio por parte del empleador, puede considerarse como equivalente a un comportamiento activo en cuanto a la potencialidad de provocar daños.

130. Todavía más clara será la abusividad del despido cuando se plantee una situación, en cierta medida, inversa de la que viene de exponerse y que consiste en que el empleador recurra a infundiosos argumentos relativos a la ineptitud profesional del trabajador para pretender ocultar, detrás de éstos, la presencia de otras motivaciones del despido.

229 Ver supra, Capítulo III, numeral 1.

En este caso, el trabajador afectado estará en condiciones de exigir al empleador que asuma la carga de probar sus dichos e inclusive, si así lo entendiera pertinente como alternativa para salvaguardar su prestigio profesional, podrá optar demostrar positivamente sus habilidades.

131. También puede advertirse una vinculación entre formación profesional y la facultad de despedir del empleador, a partir de la posible afectación de ciertos aspectos éticos relacionados con la primera.

Como se sabe, la formación profesional seriamente concebida descarta la pertinencia de un mero "adiestramiento" del trabajador y, en cambio, debe tener por finalidad el desarrollo integral de la persona. De este modo, las actividades formativas no deberán ser simples "recetas" a aplicar mecánicamente por el trabajador, sino que en todo caso, debe contemplarse en todas sus dimensiones la dignidad de la persona a la que están dirigidas aquéllas.

Esto implica que en cualquier actividad cuyo desarrollo requiera una formación profesional previa, sea posible detectar la presencia de componentes éticos. La ética estará claramente presente en aquellas actividades de formación profesional altamente especializadas, como pueden ser las desarrolladas en los niveles terciarios de la enseñanza; pero también lo estará hasta en los más humildes oficios, donde al menos habrá de estar vigente el valor ético que implica la preocupación por llevar a cabo un "trabajo bien hecho".

En todo caso, es natural que a mayor complejidad de la formación profesional adquirida, mayores habrán de ser los niveles de compromiso técnico y ético que ponga en juego el desarrollo de la actividad. Esto puede determinar que el trabajador se vea enfrentando a situaciones en los que se planteen incompatibilidades entre una orden impartida por el empleador y las pautas de comportamiento técnico o ético a cuyo respeto esta obligado en virtud de su oficio o profesión.

Tal como fuera expuesto,[230] en estos casos el trabajador no solamente estará habilitado para ejercer su *derecho a resistir* el cumplimiento de la orden impartida, sino que, además, estará obligado a hacerlo, en la medida que también quedará comprometida su propia responsabilidad.

Sin embargo, es altamente probable que la adopción de este tipo de actitudes, exponga al trabajador al riesgo de ser objeto de represalias por parte del empleador "desairado", entre las cuales podría incluso encontrarse el despido.

El ejercicio de este tipo de conductas por parte del empleador, debe juzgarse con especial rigor, debido a su particular antijuridicidad. Las mismas no solamente afectan en forma ilícita el ejercicio de un derecho básico del trabajador al que van dirigidas, sino que, además, comprometen otros intereses colectivos no

230 Ver supra, Capitulo IV, numeral 4

menos trascendentes (como pueden serlo aquellos cuya titularidad corresponde a quienes forman parte del mismo "gremio" que integra el trabajador perjudicado, que tendrá interés en que se respeten estrictamente las normas técnicas y éticas que rigen el oficio o profesión, e inclusive compromete el interés de toda la sociedad, que tendrá como valor a preservar, que los oficios y profesiones sean desarrollados en la forma que en cada caso resulte pertinente).

1.2. *Formación profesional y despido indirecto*

132. En otros casos, los puntos de contacto que existen entre la formación profesional y el despido, tienen que ver con situaciones en las que es posible invocar la existencia de un despido indirecto como consecuencia del incumplimiento por parte del empleador de ciertas obligaciones asumidas en relación con la formación profesional.[231]

Esto acontece claramente, cuando el empleador no cumple con la obligación de proporcionar formación profesional que ha asumido explícitamente o que se derive de la naturaleza del contrato que ha consentido (por ejemplo, contrato de aprendizaje). El aprendiz que no recibe la formación profesional que fuera oportunamente acordada con el empleador, estará en condiciones de exigirla y, de mantenerse la omisión, podrá considerarse indirectamente despedido.

Lo mismo habrá de suceder cuando, en estos caso, el empleador no cumpla con su obligación de brindar ocupación efectiva a su dependiente, por tratarse de situaciones en las que, excepcionalmente, puede considerarse exigible esta circunstancia.

Idéntico razonamiento corresponde realizar cuando el empleador omitiera cumplir con las obligaciones formativas que le son exigibles cuando ha introducido cambios en la empresa que requieren una adaptación educativa de los trabajadores.

134. El incumplimiento por parte del empleador de las obligaciones que para él se derivan indirectamente de la formación profesional que posee el trabajador,[232] también podrá habilitar hipótesis de despido indirecto. Así, por ejemplo, una incorrecta atribución de la categoría laboral (que implique un menosprecio hacia el trabajador en relación con las aptitudes que posee y que son aprovechadas por la empresa), así como una incorrecta determinación del salario, puede determinar la configuración de un despido indirecto.

231 Al respecto corresponde remitir al lector al Capítulo IV, numerales 2.1, 2.2, 2.3 y 2.4.
232 Ver supra, Capítulo IV, numeral 2.1.

1.3. Formación profesional y notoria mala conducta

135. La formación profesional mantiene varios puntos de contacto con la notoria mala conducta.

En primer término, es evidente que la formación profesional que posea el trabajador, y en virtud de la cual ha sido contratado y se ha determinado su categoría y salario, constituye un parámetro para establecer el nivel de diligencia que se le puede exigir. La formación profesional viene así a constituirse en la unidad de medida de las obligaciones de colaboración y diligencia que asume el trabajador en el marco del contrato de trabajo. Un rendimiento laboral de inferior calidad que el razonablemente esperable del trabajador en función de su cualificación, puede configurar un incumplimiento de las obligaciones que del contrato de trabajo se derivan para él y, eventualmente, terminar por configurar una situación de notoria mala conducta.

136. Sin embargo, en este punto corresponde formular ciertas precisiones.

En efecto, resulta importante efectuar una clara distinción entre las consecuencias que para el trabajador pueden derivarse a partir de su actitud indiligente, de aquellas que podrían resultar de su desempeño poco eficaz o inexperto.

En este sentido, es posible que un trabajador se muestre incapaz de exhibir una adecuada idoneidad técnica y esto le lleve a no poder responder a las expectativas que razonablemente pudieran derivarse de la categoría que ocupa; pero esto no necesariamente implicará la existencia de una conducta de indisciplina, susceptible de sanción. Por el contrario, es probable que lo que sí puede estar quedando en evidencia a partir de la actitud del trabajador, es que éste no posee los atributos necesarios para desempeñar las tareas que se le han adjudicado.

Frente a estas situaciones, el ejercicio del poder disciplinario por parte del empleador resultará absolutamente improcedente e ineficaz, pues la imposición de sanciones carece de virtualidad para provocar cambios en un trabajador cuya actuación técnicamente defectuosa resulta independiente de su voluntad y solo puede atribuirse a su falta de destreza. Si la consideración del elemento volitivo estuviera ausente en el momento en que el empleador ejerce el poder disciplinario, se estaría consagrando una suerte de responsabilidad objetiva del trabajador, absolutamente carente de fundamento jurídico y de razonabilidad.

137. Al respecto conviene recordar lo señalado por Barbagelata respecto de la noción de notoria mala conducta, concepto del que debe excluirse "...al menos, la involuntariedad del imputado como autor de los actos correspondientes. La idea se expone con mayor concreción, cuando se afirma que una conducta es una actitud o una modalidad del comportamiento que debe ser asumida con conciencia y voluntad para comprometer la responsabilidad del individuo (...), la con-

ducta es un atributo de la personalidad moral del individuo y por lo tanto, la mala conducta es una calificante de su moral, *independientemente de su capacidad"*.[233]

En la misma línea, De Ferrari destacaba: "...el obrero no debe defraudar al empleador rindiendo menos de lo normal..." pudiendo "...el patrono exigir de su colaborador un rendimiento y una contracción al trabajo corrientes, es decir, la consagración y el rendimiento que debe esperarse normalmente de un obrero común. Los que *con malicia* no lleguen a este límite, no cumplen las obligaciones asumidas y, según los casos, pueden perder eventualmente el derecho a la indemnización por cesantía si el empleador por ese hecho se ve obligado a despedirlos (...). El escaso rendimiento o un rendimiento inferior al corriente, no es siempre el resultado de una deliberada falta de contracción o diligencia. Puede el hecho deberse a las aptitudes del trabajador y, en ese caso, *no puede invocarse como una circunstancia extintiva de la obligación de indemnizar."*[234]

138. En consecuencia, sólo será posible concluir que existen situaciones susceptibles de ser consideradas como actos de indisciplina cuando pueda detectarse un actuar del trabajador voluntariamente dirigido a provocar un rendimiento inferior al razonablemente previsible.

En cambio, no existirá falta disciplinaria -ni, consecuentemente, notoria mala conducta- cuando el comportamiento del trabajador presente deficiencias no imputables a su voluntad, sino a su ineptitud. Las obligaciones que pautan el desempeño laboral del dependiente, son siempre "de medios" y no "de resultado". Por ello, el trabajador cumple cabalmente con su obligación cuando despliega su mejor esfuerzo en la correcta realización de la tarea, con independencia de los resultados que esté en condiciones de obtener a la luz de la capacidad o cualificación que posee.

139. También se ha planteado la interrogante sobre si la negativa del trabajador a desarrollar actividades de formación profesional que son requeridas por el empleador, puede ser considerada como notoria mala conducta.

Según se indicara,[235] la obligación del trabajador de aceptar la realización de las actividades de formación profesional que le ofrece el empleador y que son necesarias para el correcto desempeño de las actividades a su cargo, resulta una manifestación de la obligación de colaboración que le es exigible. Por este motivo, su negativa infundada a desarrollar tales actividades formativas, lo expone a responsabilidad ante el empleador, pudiendo llegar a configurarse la eximente

233 El derecho común sobre el despido y su interpretación jurisprudencial, Facultad de Derecho, Mdeo., 1953, p. 58. Énfasis agregado.
234 Lecciones, T. II, cit., p. 567.
235 Ver supra, Capítulo IV, numeral 4.

de notoria mala conducta si el cúmulo de circunstancias que rodean al caso, así lo indicaran. Sin embargo, es importante señalar que no en todos los casos en que el trabajador se niegue a realizar las actividades de formación profesional puede considerarse configurada la notoria mala conducta, pues es posible que la negativa del trabajador esté fundada y justificada, de forma tal que no podría invocarse la existencia de un incumplimiento de su parte.[236]

2. Formación profesional y seguro de paro

140. La ley N° 16.320 contiene diversas disposiciones que instrumentan mecanismos para facilitar o promover la formación permanente de los trabajadores.

La Junta Nacional de Empleo cuenta entre sus cometidos el de realizar el diseño de programas de recapacitación de trabajadores, proponer medidas para absorber los impactos que genere en el mercado laboral la incorporación de nuevas tecnologías y los procesos de integración regional que vive el país; y estudiar las necesidades de los trabajadores amparados por el Seguro por Desempleo, definiendo la recapacitación del trabajador de acuerdo a sus aptitudes personales y a la demanda del mercado ocupacional (artículo 324).

El Fondo de Reconversión Laboral financia actividades de recapacitación profesional de trabajadores que se encuentran amparados al seguro por desempleo. El Decreto N° 211/993, del 12 de mayo de 1993, reglamenta determinados aspectos del funcionamiento del mencionado Fondo y su artículo 4 define la recapacitación laboral como "...el proceso a través del cual se pretende reincorporar a un trabajador al mercado laboral, cuando teniendo una especialidad que usa en su trabajo, por diversas razones se ve impedido de aplicarla, siendo necesario para su reinserción cambiar o complementar dicha especialidad" y el objetivo de los programas de reconversión como el de "...alcanzar el desarrollo de nuevas capacidades para el empleo y perfeccionar aquellas con que cuente el trabajador".

El artículo 322 de la ley mencionada más arriba, atribuye a la Dirección Nacional de Empleo, la competencia de proponer y ejecutar programas de orientación laboral y profesional, actividad que el Decreto N° 211/993 define como "...la entrega de información que facilite la elección de una profesión, actividad u ocupación en relación a la evolución del mercado de trabajo, así como la relacionada con los estudios que permitan lograr una adecuada capacitación o formación y de las entidades encargadas de proporcionarla".

Dentro de las actividades comprendidas dentro del concepto de orientación profesional, el aludido Decreto abarca la identificación de los niveles de califica-

236 Ver supra, Capítulo IV, numeral 4.

ción de las personas que buscan empleo o deseen mejorar sus condiciones actuales de trabajo; la información y orientación a los trabajadores sobre las oportunidades del mercado laboral, especialmente en los siguientes aspectos: profesiones, oficios u ocupaciones que existan en el mercado laboral y que puedan ser elegidas considerando tanto sus propias características como las del medio socio-laboral en que se desarrolle; aptitudes, destrezas y habilidades que requiere una determinada ocupación para un desempeño laboral adecuado; acciones o cursos de capacitación que puedan seguirse para lograr un desempeño apropiado a las exigencias del mercado laboral y las entidades que los imparten; salarios promedios percibidos por los trabajadores de diferente calificación en diversas ocupaciones o profesiones.

141. Se advierte como un fenómeno en extensión, que en los convenios colectivos se acuerden programas de capacitación para el personal que es enviado transitoriamente al seguro de desempleo. En estos casos, la formación profesional persigue el objetivo de su recualificación y reinserción laboral, recibiendo el apoyo de la Junta Nacional de Empleo, especialmente en materia financiera. En ciertos casos se sanciona al trabajador que no concurre en forma injustificada a dichas actividades, con la pérdida del derecho a percibir el complemento de la prestación que abona la empresa.[237]

237 Cfe. Rosenbaum, J., Negociación colectiva sobre formación profesional en los países del Mercosur, Bolivia y Chile, Mdeo., Cinterfor, 2000, p. 38 y 40.

Tercera Parte

FORMACIÓN PROFESIONAL Y DERECHO COLECTIVO DEL TRABAJO

Capítulo IX
Formación profesional, sindicatos, negociación colectiva y participación

142. El fenómeno de la formación profesional tiene amplias proyecciones sobre las cuestiones atinentes a las relaciones colectivas de trabajo, con las cuales mantiene una relación de enriquecimiento recíproco.

En efecto, por una parte, el correcto desarrollo de las políticas y programas de formación profesional, depende en gran medida del involucramiento que en los mismos alcancen a tener los actores sociales.

Los instrumentos internacionales relativos a la formación profesional otorgan especial trascendencia a la participación de las organizaciones de empleadores y trabajadores en la implementación de las políticas y programas de orientación y formación profesional, procurando fomentar la participación de todos los actores sociales en los procesos de desarrollo y en los beneficios que de los mismos se derivan.

Mediante la promoción de este tipo de mecanismos, se intenta evitar la imposición unilateral de sistemas de formación u orientación profesionales, que más allá de las virtudes o defectos que puedan exhibir por sí mismos, pueden no llegar a alcanzar los grados de compromiso suficiente como para convertirse en eficaces y alcanzar así un aceptable nivel de aplicación práctica.

Además, una amplia participación de todos los sectores contribuye a facilitar la coordinación de las políticas y programas de formación profesional y dotarlas de una estrecha vinculación con el mundo real, elemento fundamental para alcanzar el éxito en cualquier emprendimiento de este tipo.[238]

143. Pero, por otra parte, también es necesario advertir que la formación profesional posee un gran valor instrumental para permitir, promover o facilitar, el funcionamiento adecuado del sistema de relaciones colectivas.

238 Ver supra, Capítulo I, numerales 3.1, 3.4 y 3.6.

Esta perspectiva también ha sido recogida por los instrumentos internacionales especializados, en los que se ha consagrado expresamente la necesidad de que la formación profesional contemple aspectos relacionados con la educación sindical y sea complementada con información sobre aspectos generales sobre la negociación colectiva y los derechos y obligaciones de todos los interesados en virtud de la legislación del trabajo.[239]

De este modo se consagra una de las manifestaciones del principio de antropocentrismo, que pone a la persona como centro fundamental de todo el sistema formativo, y a partir del cual, todas las actividades relativas a la formación y orientación profesional deben fijarse como meta principal que la persona alcance a comprender su medio social en general y su medio de trabajo en particular y esté en condiciones de incidir en éstos, tanto individual como colectivamente.[240]

1. Formación profesional y sindicatos

144. El sistema de relaciones colectivas uruguayo ha sido tradicionalmente caracterizado a partir de la escasa intervención estatal, fenómeno que lo distingue claramente respecto de la situación predominante en el contexto de América latina e, inclusive, hasta en el panorama mundial.

El movimiento sindical evolucionó históricamente hacia la unidad, fenómeno que también dotó al caso uruguayo de rasgos diferenciales en relación con otros países del continente, pues incluso en aquellos donde también existía un movimiento sindical único (caso de Argentina y Brasil), su conformación no había sido el resultado de un proceso autónomo, sino de una estrategia planificado a partir de normas dictadas por la autoridad estatal.

Esta estructura unitaria, así como la posibilidad de llevar a la práctica muchas de las ventajas que de la misma se derivaban (como por ejemplo, el beneficio de poder negociar colectivamente en niveles centralizados), permitió el fortalecimiento del sindicalismo uruguayo, que, entre otros elementos virtuosos, podía exhibir con satisfacción su independencia con relación a los partidos políticos.

145. Sin embargo, el movimiento sindical uruguayo no pudo constituirse en excepción frente a la crisis que afecta globalmente a las organizaciones de trabajadores. A los factores que en general han provocado la misma (políticos, económicos, ideológicos, culturales, de organización del trabajo, etc.), en el caso uruguayo se agregan algunos inherentes a la región (impacto del desempleo, la rece-

239 Recomendación N° 150, párrafo 5, numeral 2, literal i) y párrafo 7, numeral 3.
240 Ver supra, Capítulo I, numeral 3.3.

sión, etc.) y, en particular, otros originados en el ámbito específicamente nacional (por ejemplo, la omisión de la convocatoria a los Consejos de Salarios a partir de 1991).

Al igual que suele acontecer en casi todo el mundo, la crisis de los sindicatos se manifiesta en el descenso de las tasas de afiliación, la escasa militancia, la apatía y hasta en el descreimiento y el rechazo de los trabajadores hacia las manifestaciones de carácter colectivo. La disminución del poder de los sindicatos se produce además, como consecuencia del fenómeno que se ha denominado "*descentramiento*" del trabajo, expresión con la que se alude a la depreciación de la importancia de este factor dentro de la consideración social. La circunstancia de haber perdido el trabajo la ubicación que otrora tenía en la sensibilidad colectiva, arrastra consigo al sindicato, que paulatinamente va resignando posiciones a nivel social, político y laboral.

146. Pero sin dudas es el fenómeno del desempleo uno de los factores que afecta con mayor rigor las posibilidades de desarrollo sindical.

El mismo provoca diversos impactos en el sindicato. El más directo consiste en la consecuencia de restarle afiliados y militantes, por el simple efecto del pronunciado descenso en el número de trabajadores en actividad.

Sin embargo, también existen otras consecuencias de carácter menos directo, pero mucho más graves y profundas. En efecto, el desempleo también provoca la generalización de sensaciones de incertidumbre e inestabilidad, de temor frente a la pérdida inminente de la fuente de ingresos. Esto conspira letalmente contra la vocación de los trabajadores por acercase a un sindicato, como forma de evitar el riesgo de quedar expuesto a las represalias del empleador.

Pero el desempleo también tiene el efecto de generar divisiones en los intereses de quienes integran la "clase trabajadora". Aquél que tiene un empleo, procurará conservarlo a como dé lugar, en tanto que aquél que está desempleado, intentará de cualquier forma acceder al mercado de trabajo. Frente a la infinidad de contradicciones que provoca esta oposición de intereses, el sindicato debe pugnar por ubicarse en el camino intermedio, cuya definición exacta resulta muy difícil de determinar en la práctica.

147. Sin que resulte posible detectar soluciones autosuficientes para una crisis provocada por la conjunción de factores de muy diversa índole, el abordaje de la formación profesional por parte de los sindicatos ha sido propuesto como una de las alternativas posibles para comenzar a salir de este difícil trance.

La formación profesional puede presentarse, por una parte, como un instrumento a emplear por los sindicatos para atraer nuevos afiliados o militantes. El sindicato puede ofrecer esta formación profesional -dirigida al trabajador o a sus familiares- como un nuevo servicio para sus integrantes, del mismo modo que desarrolla actividades de esparcimiento, deportivas, culturales, etc. El desarrollo de la formación profesional constituye una forma interesante de ampliar la base objetiva y subjetiva del sindicato, mediante la incorporación de nuevas temáticas que permitan captar un mayor número de adeptos, provenientes desde distintos sectores de interés.

Además, mediante este instrumento se consagran otras finalidades igualmente virtuosas, pues se logra consolidar, en cierta medida, una alternativa contemporizadora de los intereses -en principio contradictorios- de empleados y desempleados. En tal sentido, la formación profesional permite mejorar la cualificación de los trabajadores activos, previendo el impacto que las nuevas tecnologías puedan provocar en el empleo, incrementando así sus posibilidades de conservar el puesto de trabajo. Pero por otra parte, también permite ofrecer la posibilidad de formarse o perfeccionarse a quienes careciendo de empleo, bregan por ocuparse.

No menos importancia poseen otras alternativas que ofrece la formación profesional. Así por ejemplo, mediante su desarrollo, el sindicato logra mejorar el nivel educativo de sus militantes y dirigentes, circunstancia que, entre otras cosas, le habilitará a ubicarse con mejores posibilidades de éxito en los procesos de negociación colectiva. También se incrementará la consideración social y política del sindicato, al permitir que éste pueda constituirse en actor fundamental de las políticas de empleo, sea directamente, mediante la integración de entidades con competencia en la materia, o en instituciones formativas, o sea indirectamente, a través del abordaje de la temática en la negociación colectiva.

148. En todo caso, debe señalarse que las cuestiones relativas a la formación profesional no pueden identificarse como elementos que hayan centrado la atención del movimiento sindical uruguayo y solo en los últimos años es posible advertir que la temática ha comenzado a formar parte de su discurso. Esto se aprecia, básicamente, a partir de una tímida inclusión de ciertos contenidos relacionados con la misma en algunos convenios colectivos y, con mayor énfasis, en la participación sindical en ciertas actividades vinculadas con el empleo y la formación.

2. Formación profesional y negociación colectiva

149. Al intentar tipificar un "modelo uruguayo" de negociación colectiva, resultaba habitual y pertinente distinguir tres grandes vertientes o manifestaciones de este fenómeno:[241]

241 Rosenbaum, J., "Autonomía colectiva e intervención estatal en materia de negociación colectiva", 1ª. Jornadas Peruano-Uruguayas, Lima, setiembre de 1994, p. 8. Barbagelata, H-H, Rosenbaum, J. y Garmendia, M., El Contenido de los Convenios Colectivos, FCU, Mdeo., 1998.

a.. Una primera modalidad "típica" o "pura", nacida espontánea y naturalmente junto con las primeras manifestaciones sindicales que comenzaron a esbozarse en nuestro país en la segunda mitad del siglo XIX. Se trata de un tipo de negociación bilateral, no procedimentalizada y sin ninguna regulación o intervención heterónoma. La negociación podía plantearse tanto a nivel descentralizado de empresa, como a niveles superiores, de rama, industria, actividad, oficio o profesión, circunstancia que dependía de las características estructurales-organizativas que asumieran los respectivos interlocutores sociales.

b. La segunda modalidad, se plantea a partir de la instauración del mecanismo de los Consejos de Salarios.[242] Aunque la negociación colectiva que se generó en este ámbito puede ser conceptualizada como "atípica" (por su carácter trilateral, institucionalizado y regulado heterónomamente), en realidad fue a partir de este esquema que se construyó una verdadera "estructura prototípica" de negociación colectiva en el Uruguay, caracterizada por plantearse a nivel de sector o rama de actividad. El verdadero impulso de la negociación colectiva en nuestro país, se plantea a partir y como consecuencia de la puesta en funcionamientos de los Consejos de Salarios.

c. La tercera manifestación, es de tipo ecléctico, pues adopta elementos propios del mecanismo de los Consejos de Salarios al tiempo que también exhibe características propias de la primera modalidad. Se trata de una negociación colectiva que en el punto de partida se presenta como bilateral (los interlocutores sociales negocian frente a frente en un ámbito ajeno al organismo institucionalizado del Consejo de Salarios) pero cuyos resultados son sometidos a la aprobación del respectivo Consejo de Salarios, para así lograr la generalización o extensión de sus efectos a todo el sector de actividad.

150. En este contexto la presencia estatal en materia colectiva tendió a visualizarse como poco relevante, presentándose al "caso uruguayo" como desregulado y "puro" en cuanto al grado de actuación autónoma de los interlocutores sociales. Sin embargo, si bien es cierto que la intervención estatal en materia colectiva careció en nuestro país de la impronta restrictiva o limitacionista que resulta típica en el resto de América Latina, en realidad aquélla no fue todo lo "ausente" que se solía señalar. Por el contrario, diversas formas de presencia estatal resultaron determinantes de las características de la negociación colectiva nacional, aunque es claro que al no ostentar una finalidad limitadora de la autonomía y libertad de los interlocutores particulares, pasaron en gran medida desapercibidas en cuando a su trascendencia.

Así, podrían mencionarse diversos ejemplos de presencia heterónoma, los que van desde las modalidades más indirectas (la temprana regulación legal y

242 Ley N° 10.449, del 12 de noviembre de 1943.

protectora de diversos institutos de la relación individual de trabajo, determina la existencia de niveles mínimos de condiciones laborales que se presentan como límite infranqueable in pejus para la negociación[243]) hasta otras que no lo son tanto (como la puesta en práctica de los Consejos de Salarios, mecanismo que generó un *perfil uruguayo* de negociación colectiva, determinando estilos de organización y actuación sindical, y la preeminencia del nivel de sector o rama de actividad[244]).

151. El convenio colectivo resultante de esta negociación de carácter centralizado (rama de actividad), coordinaba su eficacia con relación a las normas legales a partir del criterio de la norma más favorable, y por el respeto irrestricto por los mínimos establecidos en aquel nivel. La norma jurídica producida por la autonomía colectiva, representaba siempre un instrumento de superación de los mínimos legales, considerados intangibles en cualquier otro sentido. Además, los pactos contenidos en anteriores convenios colectivos, representaban el punto de partida para la negociación de los futuros instrumentos, los que habrían de incorporar beneficios iguales o superiores a los vigentes.

152. Debe señalarse como una constante histórica, que en Uruguay ha regido una amplia libertad de negociación,[245] siendo escasos los ejemplos de intervención heterónoma con vocación limitadora. A pesar de ello, en los contenidos tradicionales de los convenios colectivos se advierte una marcada preeminencia de los temas vinculados a aspectos salariales,[246] al punto que en las primeras décadas de este siglo, desde ciertos sectores académicos llegó a señalarse que éste era el único contenido admisible de los mismos.[247]

243 La coordinación de las fuentes de diferente origen siempre estuvo presidida por las reglas del sobrepujamiento, que implican la posibilidad de que las normas de superior jerarquía sean sobrepasadas por otras inferiores, siempre que posean un contenido más beneficioso para el trabajador. Cfe. Plá Rodríguez, A., "El papel del Estado en las relaciones industriales en la década de los 80", en La Intervención del Estado en las Relaciones Industriales en la Década de los 80, Instituto de Estudios Sociales, Ministerio de Trabajo, Madrid, p. 325.

244 Ermida Uriarte, O., "Tendencias y problemas del Derecho Colectivo del Trabajo en América Latina. Las Relaciones de Trabajo en América Latina" en Derecho Colectivo del Trabajo, Pontificia Universidad Católica del Perú. Facultad de Derecho. Materiales de Enseñanza, 2ª Edición, Lima, 1990, p. 62 y ss. El funcionamiento de los Consejos de Salarios, no solamente fomentó el desarrollo sindical, sino que también pautó la estructura de la negociación. Pero mucho más allá de todo esto, la ley 10.449 impuso a los actores sociales, una práctica negociadora obligatoria, periódica y sistemática, cuya trascendencia real como soporte y apoyo promotor de la acción colectiva y de la negociación colectiva, solamente quedó de manifiesto cuando el mecanismo fue abandonado

245 Salvedad hecha, obviamente, de los períodos *de facto*. Varela, Raúl, "Contenido de los convenios colectivos", en Veintitrés Estudios sobre los Convenios Colectivos, VV.AA.., FCU., Mdeo., 1988, p. 81.

246 Informe RELASUR, Las Relaciones Laborales en Uruguay, Centro de Publicaciones del Ministerio de Trabajo y Seguridad Social, Madrid, 1995, p. 43.

247 Escalada, Federico, Revista de Derecho, Jurisprudencia y Administración de Montevideo, tomo 18, año 1912, p. 338; cit. por Barbagelata, H-H, Régimen de los convenios colectivos, FUECI, Mdeo., 1955, p. 25, nota N° 30.

Esta tendencia hacia la "salarización" de sus contenidos, constituye una característica que aún hoy no han perdido los convenios colectivos que se acuerdan en Uruguay.

No obstante, al margen de esta prevalencia de la materia salarial, los convenios colectivos también tradicionalmente han visto proyectar sus contenidos sobre temáticas sumamente variadas, aunque solamente de manera muy esporádica se detecta el abordaje de la formación profesional, en general relacionándola con la incorporación de tecnología y las medidas de readaptación y capacitación que se adoptarían respecto de los trabajadores afectados.[248]

153. A partir del anuncio que en 1991 realizara el Poder Ejecutivo, en relación con su retiro de la negociación salarial y el cese de las convocatorias a los Consejos de Salarios, se produjo un notable cambio en la estructura y dinámica de la negociación colectiva, amén de haberse provocado un duro golpe al movimiento sindical.

El impacto de la referida decisión fue de tal magnitud, que ha determinado la generalización de novedosas características en la negociación colectiva, la que actualmente presenta ciertos rasgos consolidados que permiten aludir a un nuevo modelo de negociación uruguayo.[249] Las características de este nuevo modelo consisten en su carácter bilateral,[250] descentralizado o atomizado,[251] selecto,[252] con tendencia a la transaccionalidad,[253] con una negociación colectiva frecuentemente promovida por el empleador[254] y con tendencia a la desnaturalización.[255]

248 Cfe. Barbagelata, H-H, Rosenbaum, J. y Garmendia, M., El Contenido de los..., cit., p. 66-67.

249 Según fuera expuesto por el autor en el artículo "Los efectos jurídicos de un nuevo modelo de negociación colectiva", in Libro de ponencias de las XII Jornadas Uruguayas de Derecho del Trabajo y de la Seguridad Social, FCU, Mdeo., 2000, p. 159 y ss.

250 Se trata de una negociación colectiva bilateral, planteada exclusivamente entre los interlocutores sociales y sin la presencia del Estado.

251 Pues, contrariamente a lo que fuera tradicional, ha pasado a predominar absolutamente la negociación colectiva planteada a nivel de empresa.

252 En el sentido de que la negociación colectiva ha pasado a constituirse en un proceso reservado a unos pocos sectores de trabajadores que aún permanecen organizados y que conservan cierto poder de negociación. Los sectores que sufren más fuertemente la crisis, o bien no están en condiciones de negociar, o bien lo hacen en un contexto proclive a la disminución de anteriores condiciones laborales.

253 Rasgo que implica el descaecimiento del rol típicamente mejorador y protector que fuera tradicionalmente atribuido al convenio colectivo y que convierte a la negociación colectiva en un proceso que habrá de reflejar la existencia de concesiones recíprocas -al más puro estilo "civilista"- resultantes de la medición de los respectivos poderes de negociación que cada interlocutor haya estado en condiciones de exhibir.

254 Como consecuencia de las anteriores circunstancias, ha comenzado a ser habitual que sea el empleador quien tome la iniciativa de negociar. Consciente de una coyuntura que le resulta favorable porque incrementa su poder negocial, el empleador se lanza a la búsqueda de la negociación para, a través de ella, culminar en la suscripción de un convenio colectivo que plasme condiciones menos favorables que las anteriormente vigentes.

255 El debilitamiento del movimiento sindical ha determinado que muchos sectores carezcan en la actualidad de cualquier tipo de organización colectiva. Esto hace cada vez más habitual que el empleador -buscando plasmar la disminución de condiciones laborales- proponga la "negociación" en un nivel "plurisubjetivo" o "plurindividual", el que conceptualmente no corresponde a la definición de convenio colectivo, pero que pretende presentarse como tal. El riesgo que presenta la reiteración de este tipo de manifestaciones consiste en que comiencen a horadarse ciertas bases conceptuales que hasta el presente no admitieron discusiones.

154. La formación profesional ha ganado un espacio en la negociación colectiva en todo el mundo, a partir de la consideración que se le otorga como instrumento para enfrentar el desempleo, así como la aptitud que se le reconoce al convenio colectivo como mecanismo que permite atender con agilidad las cambiantes necesidades que el trabajo contemporáneo presenta en esta materia.[256]

Si bien no es posible advertir un ingreso masivo de este tipo de contenidos en los convenios colectivos uruguayos, en cambio pueden detectarse algunos ejemplos concretos en los que se ha abordado la formación profesional.[257] Por ejemplo, sobresale en tal sentido el convenio colectivo del sector de la Construcción, suscrito el 27.6.97, por el cual las partes celebrantes acuerdan crear una Fundación para la Capacitación de los trabajadores de la industria de la Construcción, de integración bipartita. Se prevé que la misma gestione la financiación de acciones e instrumentos que permitan la capacitación profesional de los trabajadores y empleadores del sector y se constituye en el órgano emisor de certificaciones de aptitud profesional, que acrediten la aprobación de los cursos formativos. Para ello, se cuenta con fondos suministrados por la Junta Nacional de Empleo, aportes bipartitos a cargo de los trabajadores y los empleadores que recaudará el Fondo Social y, una vez aprobados los estatutos Sociales de la institución, por el Banco de Previsión Social, órgano oficial gestor de la seguridad social en el país. Un convenio posterior, estableció programas de capacitación en coordinación con la Junta Nacional de Empleo.[258]

En el convenio colectivo suscrito entre la Cámara Metalúrgica del Uruguay, la Cámara de Industrias Navales del Uruguay y la UNTMRA (del 27 de junio de 2003) se dedica la siguiente disposición a la formación profesional: "las partes acuerdan trabajar en conjunto para concretar la formación profesional continua en el sector. Como primer medida en esta sentido se realizará un seminario con participación de todas las instituciones involucradas a los efectos de definir su programa de acción inmediato para su implementación progresiva. Las partes contribuirán al logro de acuerdos a través de organismos nacionales e internacionales que permitan lograr el objetivo antes mencionado".

En convenios colectivos suscritos a nivel de empresa, es posible señalar algunos que específicamente han abordado el tema de la formación profesional. Tal el caso del convenio celebrado el 28 de diciembre de 1995 entre la Fábrica Nacional de Papel S.A. y el Centro Unión Obreros Papeleros y Celulosa (CUOPYC), que es el resultado de un intenso proceso de reconversión tecnológica y laboral, en el que se prevén algunas instancias en materia de capacitación (Capítulo IX), partiendo

256 Cfe. Ermida, O., Rosenbaum, J., Formación profesional en la negociación colectiva, Mdeo., Cinterfor, 1998, p. 13 y ss., Rosenbaum, J., Negociación colectiva sobre formación..., cit., p. 25.

257 Tal como fuera expuesto en Barbagelata, H-H, Rosenbaum, J. y Garmendia, M., El Contenido de los..., cit., p. 90-92. Barretto alude a un proceso de "lento anclaje de la formación profesional en la negociación colectiva en el Uruguay", La obligación de formar..., cit., p. 119 y ss.

258 Cfe. Rosenbaum, J., Negociación colectiva sobre formación..., cit., p. 38.

del reconocimiento de que las personas son el factor clave para el éxito de la empresa, y que su formación resulta imprescindible para alcanzar los niveles de productividad y rendimiento buscados. Es por ello que las partes asumen el compromiso de fomentar e impulsar iniciativas al respecto, con acento especial en ciertas áreas como las de la higiene y seguridad en el trabajo, orden y limpieza y medio ambiente. Se estructura, asimismo, una carrera funcional, asentada en tres pilares básicos: el desempeño, los conocimientos teóricos y los conocimientos prácticos. Para estos últimos, se estipula que la certificación deberá hacerse sobre la base de pruebas o procedimientos técnicos, de carácter objetivo. La postulación para la capacitación será una decisión libre de los trabajadores, seleccionándose los postulantes por parte del Facilitador y su equipo de trabajo. Por su parte, las bases de toda promoción será competencia de una Comisión Bipartita que se crea por el propio convenio con diversas competencias.

En el sector público se han suscrito convenios en los que se hace referencia a la formación profesional en el marco de procesos de reestructuración de empresas del Estado.

Por ejemplo, el convenio colectivo de fecha 12 de diciembre de 1997, acordado entre la Administración Nacional de Puertos y el Sindicato Único de la Administración Nacional de Puertos (SUANP), prevé la obligación de la ANP de impulsar y facilitar la capacitación de todos los funcionarios, a través de llamados abiertos y masivos, con el objetivo de mejorar las condiciones y conocimientos requeridos para el mejor desempeño del puesto de trabajo, de modo tal que la empresa pueda contar, en todo momento, con recursos humanos adecuadamente preparados y especializados. En el convenio también se regulan modalidades de práctica laboral, como pasantías a término, con el objetivo de estimular la capacitación de jóvenes que se insertan en el mercado laboral. Asimismo, se prevén incentivos para aquellos funcionarios de diferentes niveles jerárquicos que desarrollen cursos de capacitación en el exterior.

155. Otros convenios prevén la obligación de la empresa de brindar formación profesional a todos los trabajadores, ajustándose a un plan previamente acordado con el sindicato, así como la contratación de cursos con institutos de formación públicos y privados.[259] En otros casos se introducen ciertas definiciones de carácter más o menos genérico, como la no discriminación como criterio a respetar al proporcionar acceso a la formación profesional al personal de la empresa, o las finalidades que deben perseguirse mediante el desarrollo de las actividades de formación profesional.[260]

259 Barretto, H., La obligación de formar..., cit., p. 124-125, Rosenbaum, J. (con la colaboración de Dolores Storace), Diálogo social sobre formación en el Uruguay, Mdeo., Cinterfor, 2001, p. 18.

260 Cfe. Rosenbaum, J. (con la colaboración de Dolores Storace), Diálogo social sobre formación en el Uruguay, cit., p. 14 y ss; Rosenbaum, J., Negociación colectiva sobre formación..., cit., p. 36 y 37.

También existen previsiones convencionales en relación al tiempo libre para la formación, sea ésta llevada a cabo exclusivamente por cuenta e interés del trabajador, o asumida por la empresa. En convenios del sector bancario es relativamente frecuente encontrar previsiones sobre concesión de licencias por exámenes, o adjudicación de licencias extraordinarias para incentivar la participación de trabajadores en cursos de capacitación. En otros casos se pactan sistemas consistentes en que los cursos de capacitación que se realizan fuera de la jornada de trabajo, generan la posibilidad de ir acumulando horas de licencia a acordar con el empleador.[261] Disposiciones similares en cuanto a la concesión de facilidades de tiempo para el desarrollo de actividades formativas, pueden encontrarse en convenios de sectores como el Grupo Salarial N° 46 (Servicios Generales), Grupo N° 40 (Asistencia Médica y Servicios Anexos), Grupo N° 22 (Industria de la Bebida), etc.[262]

3. Participación en la formación profesional

156. La participación de todos los actores involucrados por las políticas y programas de formación profesional, resulta una condición indispensable para que pueda alcanzarse el éxito a partir de las mismas.

Dentro del concepto "participación" es posible incluir diferentes modalidades y mecanismos a través de los cuales, los diversos actores sociales intervienen en la construcción de los procesos relativos a la formación profesional.[263] En un sentido amplio, dentro de dicha expresión puede quedar incluida desde la propia negociación colectiva, hasta las formas más intensas de intervención en los organismos responsables de la formación profesional. Asimismo, es posible considerar como una modalidad de participación, aquella que consiste en formar parte de las fuentes de financiación de los sistemas de formación profesional.

157. La promulgación de ciertas normas legales en el pasado reciente, ha permitido que la participación en materia de formación profesional adquiriera una dinámica que anteriormente no había tenido. En tal sentido, la creación por la ley N° 16.320, de la Dirección Nacional de Empleo (DINAE) y la Junta Nacional de Empleo (JUNAE) -ambos dentro de la órbita del Ministerio de Trabajo y Seguridad Social- así como el respaldo financiero que significa el Fondo de Reconversión Laboral, además de otorgarle renovada dinámica al abordaje de la

261 Rosenbaum, J., Negociación colectiva sobre formación..., cit., p. 37.
262 Cfe. Barretto, H., La obligación de formar..., cit., p. 122-123.
263 Según es desarrollado por Barbagelata, H-H, "Participación de los trabajadores en América Latina", rev. Derecho Laboral, Tomo XXXV, N° 165, 1992. Del mismo autor: Formación y legislación del trabajo, cit., p. 26 y ss.

formación profesional, han promovido un mayor involucramiento de los actores sociales en la temática, circunstancia que permite que las políticas y programas que se emprendan, puedan tener una mayor relación con la realidad nacional.

Es posible advertir que en general, desde los diversos ámbitos (gubernamentales, sindicales y empresariales) se le otorga trascendencia al tema de la formación profesional.[264] Por otra parte, la estrecha relación orgánica e institucional que existe entre la DINAE y la JUNAE, permite asegurar la existencia del necesario vínculo entre la formación y las necesidades del desarrollo nacional (Ley Nº 16.320 del 1º de noviembre de 1992, con las modificaciones.

158. En particular, corresponde señalar que la JUNAE posee una estructura tripartita, estando integrada por el Director Nacional de Empleo y otros dos representantes de los trabajadores y empleadores, respectivamente, los que son designados por el Poder Ejecutivo, a propuesta de las organizaciones profesionales más representativas en uno y otro caso (artículo 323). Entre sus cometidos, se encuentra el diseño de programas de recapacitación de trabajadores, el estudio e instrumentación de respuestas para el impacto que en el mercado laboral producen la incorporación de nuevas tecnologías y las políticas de integración regional; la colaboración en el desarrollo de programas de información acerca de la mano de obra y su evolución; el estudio de las necesidades de los trabajadores amparados por el Seguro por Desempleo, definiendo la recapacitación del trabajador de acuerdo a sus aptitudes personales y a la demanda del mercado ocupacional, etc.

Además, la JUNAE es responsable de la administración del Fondo de Reconversión Laboral[265] y se encarga de solventar actividades de capacitación y recapacitación para trabajadores que se encuentran amparados al seguro por desempleo, trabajadores rurales, trabajadores que -aún encontrándose empleados- determine la JUNAE o hayan concertado convenios colectivos con sus respectivas empresas que prevean el tema de la formación profesional; u otros grupos con dificultades de inserción laboral o empleo con limitaciones (modificaciones introducidas a la Ley Nº 16.320 por la Ley Nº 16.736, artículo 419). Los programas de formación deben atender preferentemente a los trabajadores desocupados como consecuencia de la introducción de nuevas tecnologías u otros procesos de reconversión (artículo 332 de la ley Nº 16.320, en la redacción dada por el artículo 422 de la Ley Nº 16.736).

159. En ciertos casos, la DINAE y la JUNAE a su vez cuentan con la colaboración de organizaciones de otro tipo, como por ejemplo acontece con el Programa

264 Cinterfor, Base de Datos "Normativa y entrevistas sobre formación profesional de algunos países latinoamericanos y del Caribe".

265 Que se integra con aportes de trabajadores y empleadores por partes iguales (artículo 325 de la Ley Nº 16.320, en la redacción dada por el artículo 417 de la ley 16.736).

de Capacitación Productiva (que atiende las demandas de capacitación provenientes de proyectos productivos que llevan adelante organizaciones gubernamentales o no gubernamentales con el fin de crear o mejorar las condiciones de empleo de sectores con problemas de trabajo), el Programa de Capacitación e Inserción Laboral para Jóvenes -PROJOVEN- (que brinda capacitación laboral a jóvenes de escasos ingresos de 17 a 24 años, que no han podido culminar el segundo ciclo. La capacitación se orienta al nivel de semi-calificación en ocupaciones en las que se verifican oportunidades de empleo. Es un programa de la Junta Nacional de Empleo y el Instituto Nacional de la Juventud), el Programa EMPRENDER, creando tu propio trabajo (que apoya mediante capacitación, asistencia técnica y tutorías a jóvenes de bajos ingresos para que puedan crear su propia fuente de trabajo), el Proyecto Retorno al Aula (experiencia de apoyo a jóvenes de bajos ingresos que por motivos económicos abandonaron sus estudios técnicos. El programa les apoya con becas durante un plazo máximo de dos años para que puedan terminar su formación. Es un proyecto de la JUNAE, con la participación de la UTU y el INJU), el Programa de capacitación para trabajadores rurales (que busca mejorar las condiciones de empleo de los trabajadores rurales, partiendo del diagnóstico de las posibilidades de empleo de cada localidad y mediante el desarrollo de cursos de capacitación dirigidos al trabajo asalariado, al autoempleo o a la creación de pequeñas empresas. Lo ejecuta MEVIR y es un proyecto de JUNAE), el Programa CINCO Capacitación Integral y Competitividad en las MYPES. (que apoya la consolidación del empleo existente y la mejora de la competitividad mediante la capacitación de los trabajadores y la implementación de Programas de Desarrollo Empresarial a medida de cada micro o pequeña empresa. Se realizan acciones de diagnóstico, asistencia técnica y capacitación a medida. Pertenece a JUNAE, con DINAE y DYNAPIME), el Proyecto Sistema Nacional de Competencias Laborales (dirigido a estudiar, diseñar y preparar la implementación de un sistema de normalización, formación y certificación en competencias laborales. Permitirá a los trabajadores obtener el reconocimiento de sus saberes, independientemente de cómo los hayan obtenido, facilitará el acercamiento entre la capacitación y el empleo. La responsabilidad técnica y administrativa está a cargo de la DINAE, pero se ha constituido un Consejo Consultivo integrado por delegados de ANEP, del Consejo de Educación Técnico Profesional (UTU), empresarios y trabajadores, de las Entidades de Capacitación y Cinterfor-OIT).

160. También han sido señalados algunos ejemplos de participación a nivel de empresa, los que tienen su origen en algunos convenios colectivos que crean ámbitos de participación de carácter generalmente paritario. Sin embargo, la experiencia en este ámbito no parece tener demasiado desarrollo.[266]

266 Rosenbaum, J. (con colaboración de Dolores Storace), Diálogo social sobre formación en Uruguay, cit., p. 46 y 47; Garmendia, M., Legislación comparada sobre..., cit.,

Bibliografía

BARBAGELATA, Héctor-Hugo, *Derecho del Trabajo,* 2ª ed. actualizada, T. I, vol. 2, FCU, Mdeo., 1999.

—. "La formación profesional en los instrumentos constitutivos de la Organización Internacional del Trabajo y en el sistema de las normas internacionales del trabajo", in rev. Derecho Laboral, t. XXXVII, N° 173-174, Mdeo., 1994.

—. "Participación de los trabajadores en América Latina", rev. Derecho Laboral, t. XXXV, N° 165, 1992.

—. *El derecho común sobre el despido y su interpretación jurisprudencial, Facultad de Derecho,* Mdeo., 1953.

—. *El Particularismo del Derecho del Trabajo,* FCU, Mdeo., 1995.

—. *Formación y legislación del trabajo: Tendencias de las recientes legislaciones sobre formación profesional,* Cinterfor/Polform (OIT), Mdeo., 1996.

—. *Régimen de los convenios colectivos,* FUECI, Mdeo., 1955.

BARBAGELATA, Héctor-Hugo; BARRETTO, Hugo y HENDERSON, Humberto, *El derecho a la formación profesional y las normas internacionales,* Mdeo.: Cinterfor/ OIT, 2000.

BARBAGELATA, H-H, ROSENBAUM, J. y GARMENDIA, M., *El Contenido de los Convenios Colectivos,* FCU, Mdeo., 1998.

BARRETTO GHIONE, Hugo, *La obligación de forma a cargo del empleador. Una relectura del derecho del trabajo en clave de formación,* FCU, Mdeo., 2001.

CARNOY, Martín, *El trabajo flexible en la era de la información,* ed. Alianza, Madrid, 2000.

CASAS, Emilia; DE MUNCK, Jean; HANAU, Peter; JOHANSSON, Anders; MEADOWS, Pamela; MINGIONE, Enzo; SALAIS, Robert; SUPIOT, Alain (Coordinador) y van der Heijden, *Trabajo y Empleo, Transformaciones del trabajo y futuro del Derecho del Trabajo en Europa* (Informe para la Comisión Europea), Ed. Tirant lo Blanch, Valencia, 1999.

CASSINELLI MUÑOZ, Horacio, "Acción de impugnación y acción de cumplimiento en lo contencioso administrativo para la tutela de intereses legítimos", in Revista de Derecho, Jurisprudencia y Administración, T. 70.

CASTELLO, Alejandro, "El despido abusivo. Criterios conceptuales para su determinación", revista Derecho Laboral, t. XXXVIII.

Conferencia Internacional del Trabajo, 78ª reunión, Ginebra, 1991. *Desarrollo de los recursos humanos: orientación y formación profesionales, licencia pagada de estudios.* Informe III parte (4B). Ginebra: OIT, 1991.

CORREA FREITAS, Ruben y VÁZQUEZ, Cristina, *Manual de Derecho de la Función Pública,* FCU, 1998.

COUTURE, Eduardo, *Vocabulario Jurídico,* 4ª reimpresión, Depalma, Bs. As., 1991.

DE FERRARI, Francisco, *Lecciones de Derecho del Trabajo,* T. II, Facultad de Derecho, Mdeo., 1962.

ERMIDA URIARTE, Oscar, "El concepto de despido abusivo", in revista Derecho Laboral, t. XXVIII,

—. *Modificación de condiciones de trabajo por el empleador,* Hammurabi, Bs.As.

—. "Tendencias y problemas del Derecho Colectivo del Trabajo en América Latina. Las Relaciones de Trabajo en América Latina" en Derecho Colectivo del Trabajo, Pontificia Universidad Católica del Perú. Facultad de Derecho. Materiales de Enseñanza, 2ª Edición, Lima, 1990.

—. "Derechos laborales y comercio internacional", Ponencia al V Congreso Regional Americano de Derecho del Trabajo y de la Seguridad Social, Lima, 16-19 de setiembre de 2001.

ERMIDA, O., ROSENBAUM, J., *Formación profesional en la negociación colectiva,* Mdeo., Cinterfor/OIT, 1998.

GAMARRA, Jorge, *Tratado de Derecho Civil Uruguayo,* T. XII, 3ª ed., FCU, Mdeo., 1979.

—. *Tratado de Derecho Civil Uruguayo,* T. XI, FCU, Mdeo., 1979.

GARMENDIA ARIGÓN, Mario, *Legislación comparada sobre formación profesional: una visión desde los convenios de la OIT,* Mdeo.: Cinterfor/OIT, 2000.

—. Orden público y Derecho del Trabajo, FCU, Mdeo., 2001.

—. "El principio de igualdad aplicado a la materia salarial", in *Temas Prácticos de Derecho Laboral 2,* FCU, 2001.

—. "Los efectos jurídicos de un nuevo modelo de negociación colectiva", in Libro de ponencias de las XII Jornadas Uruguayas de Derecho del Trabajo y de la Seguridad Social, FCU, Mdeo., 2000.

GOLDMAN, Alvin, "Una perspectiva comparativa sobre la determinación de la remuneración del trabajador", in *El Salario,* Estudios en Homenaje al Profesor Américo Plá Rodríguez, T. I, Amalio Fernández, Mdeo., 1987.

HENDERSON, Humberto, *Fomento de la formación e inserción laboral de los jóvenes,* Colección Texto y Contexto N° 34, FCU, Mdeo., 1999.

—. *Normativa y entrevistas sobre formación profesional de algunos países latinoamericanos y del Caribe.* Montevideo: CINTERFOR/OIT.

MANGARELLI, Cristina, *El daño moral en el derecho laboral,* Mdeo, Acali, 1984.

MIRÓN HERNÁNDEZ, Ma. del Mar, *El derecho a la formación profesional del trabajador,* CES, Colección Estudios, Madrid, 2000.

OIT. *Las relaciones laborales en Uruguay: informe RELASUR.* Madrid: Ministerio de Trabajo y Seguridad Social, 1995.

PEREYRA BLANCO, Gabriela, "Análisis de la ley 17.320 (pasantías laborales)", in rev. Derecho Laboral, N° 202.

PÉREZ DEL CASTILLO, Santiago, "La Jurisprudencia del Tribunal de Apelaciones del Trabajo sobre daño moral en ocasión del despido", revista Derecho Laboral, T. XXIX.

PLÁ RODRÍGUEZ, Américo, "El papel del Estado en las relaciones industriales en la década de los 80", en *La Intervención del Estado en las Relaciones Industriales en la Década de los 80,* Instituto de Estudios Sociales, Ministerio de Trabajo, Madrid.

—. "El período de prueba", in rev. Derecho Laboral, T. I, N° 4, julio 1948.

—. *Curso de Derecho Laboral,* T. I, vol. 1, Ed. Acali, Mdeo., 1979.

—. *Curso de Derecho Laboral,* T II, vol. 1. Ed. Acali, Mdeo, 1978.

Curso de Derecho Laboral, Los principios del Derecho del trabajo, 3ª edición, Depalma, Bs. As., 1998.

RASO DELGUE, Juan, *La contratación atípica del trabajo,* Ed. Amalio Fernández, Mdeo., 2000.

ROSENBAUM, Jorge (con la colaboración de Dolores Storace), *Diálogo social sobre formación en el Uruguay,* Mdeo., Cinterfor/OIT, 2001.

—. "Autonomía colectiva e intervención estatal en materia de negociación colectiva", 1ª. Jornadas Peruano-Uruguayas, Lima, setiembre de 1994.

—. *Negociación colectiva sobre formación profesional en los países del Mercosur, Bolivia y Chile,* Mdeo., Cinterfor/OIT, 2000.

VALDÉS DE LA VEGA, Berta, *La profesionalidad del trabajador en el contrato laboral,* Ed. Trotta, Madrid, 1997.

VARELA, Raúl, "Contenido de los convenios colectivos", en *Veintitrés Estudios sobre los Convenios Colectivos,* VV.AA.., FCU., Mdeo., 1988.

Anexo Normativo

Constitución de la República

SECCION II. DERECHOS, DEBERES Y GARANTIAS
CAPITULO I

Artículo 7°. Los habitantes de la República tienen derecho a ser protegidos en el goce de su vida, honor, libertad, seguridad, trabajo y propiedad. Nadie puede ser privado de estos derechos sino conforme a las leyes que se establecen por razones de interés general.

CAPITULO II

Artículo 53. El trabajo está bajo la protección especial de la ley. Todo habitante de la República, sin perjuicio de su libertad, tiene el deber de aplicar sus energías intelectuales o corporales en forma que redunde en beneficio de la colectividad, la que procurará ofrecer, con preferencia a los ciudadanos, la posibilidad de ganar su sustento mediante el desarrollo de una actividad económica.

Artículo 70. Son obligatorias la enseñanza primaria y la enseñanza media, agraria o industrial.

El Estado propenderá al desarrollo de la investigación científica y de la enseñanza técnica.

La ley proveerá lo necesario para la efectividad de estas disposiciones.

Artículo 71. Declárase de utilidad social la gratuidad de la enseñanza oficial primaria, media, superior, industrial y artística y de la educación física; la creación de becas de perfeccionamiento y especialización cultural, científica y obrera, y el establecimiento de bibliotecas populares.

En todas las instituciones docentes se atenderá especialmente la formación del carácter moral y cívico de los alumnos.

Decreto-Ley N° 10.225, del 9 de setiembre de 1942. Universidad del Trabajo

Artículo1°. Con la base de los organismos que actualmente integran la Dirección General de la Enseñanza Industrial y los que de análogas funciones puedan establecerse en el futuro, créase la Universidad del Trabajo del Uruguay.

Artículo 2°. Compete a la Universidad del Trabajo del Uruguay:

A) La enseñanza cultural destinada a la elevación intelectual de los trabajadores y a su formación técnica.

B) La enseñanza completa de los conocimientos técnicos manuales e industriales, atendiéndose en forma especial los relacionados con las industrias extractivas y de transformación de las materias primas nacionales.

C) La enseñanza complementaria para obreros.

D) La enseñanza de las artes aplicadas.

E) Contribución al perfeccionamiento de las industrias existentes, fomento y colaboración de las que puedan organizarse.

F) Información respecto a la estructura y funcionamiento de las industrias nacionales.

G) Examen de aptitudes técnicas.

Ley N° 10.449 de 12 de noviembre de 1943

Artículo 16. Los Consejos podrán tener presente, en la graduación de los salarios, las situaciones especiales derivadas de la edad o de las aptitudes físicas o mentales restringidas de alguno o algunos de los empleados u obreros del establecimiento industrial o comercial. En estos casos, justificarán, en forma breve y sumaria, la diferencia de situaciones.

El Consejo de Salarios podrá establecer el porcentaje máximo de obreros o empleados en estas condiciones para cada establecimiento o grupo de ellos.

El Consejo también podrá reglamentar el aprendizaje de los menores de dieciocho años, teniendo en cuenta las disposiciones del Código del Niño.

Ley 13.318, del 26 de diciembre de 1964

Artículo 307. Créase el "salario social de aprendizaje" destinado a solventar gastos de alimentación, vestimenta y locomoción de los menores concurrentes a los cursos de la Universidad del Trabajo del Uruguay que esta ley obliga. La Universidad del Trabajo del Uruguay reglamentará por intermedio de sus servicios, las normas que permitan fijar en cada caso la cuantía y duración del "salario social" y las formas de percepción por el beneficiario. Dichos servicios efectuarán en cada caso el relevamiento de los datos requeridos para esta reglamentación.

La Universidad del Trabajo del Uruguay podrá también concurrir con otras ayudas económicas, como becas, gastos de locomoción, etc., en todos aquellos casos donde los menores en condiciones de ingresar al organismo, residan en zonas del país que se encuentran alejadas de aquellas donde funcionan los establecimientos docentes oficiales en condiciones de prestar la enseñanza a que esta ley se refiere.

También la Universidad del Trabajo del Uruguay podrá conceder a sus egresados de los cursos de aprendizaje, becas destinadas a estudios de perfeccionamiento en el país o en el extranjero.

Artículo 308. Mientras las disposiciones del artículo 302 de la presente ley no logren plena ejecución, los patronos o jefes de empresas agrarias, industriales y comerciales, en cuyos establecimientos trabajen menores de dieciocho años, están obligados a otorgar a esos menores y éstos a recibir la posibilidad de una enseñanza correspondiente a la etapa del aprendizaje.

Artículo 309. A los efectos del artículo anterior se establece el "contrato colectivo de aprendizaje", el cual será redactado de acuerdo a las siguientes normas:

a) Los menores de hasta dieciocho años que trabajen en establecimientos agrarios, industriales y comerciales, tendrán derecho a recibir la enseñanza de un aprendizaje en las escuelas de la Universidad del Trabajo del Uruguay, debiendo esta Institución docente establecer los horarios, planes, programas y reglamentaciones que rijan esa enseñanza;

b) El empleador está obligado a dejar concurrir a los menores aprendices durante la jornada legal de trabajo a las escuelas y cursos de la Universidad del Trabajo del Uruguay o a aquellos centros privados de enseñanza a que refiere el artículo 304 y a otorgarles todos los beneficios sociales que son comunes al resto del personal asalariado, asegurándole las debidas condiciones de higiene, de seguridad y físicas, en el desempeño de su trabajo;

c) La edad mínima para la iniciación de los cursos de aprendizaje será de catorce años;

d) Los salarios que deban percibir los aprendices estudiantes serán fijados por los Consejos de Salarios de las respectivas agrupaciones industriales o comerciales, en los que el delegado de los obreros representará los intereses de los aprendices;

e) El contrato de aprendizaje que debe llevarse a cabo entre el empleador y el aprendiz, puede ser rescindido sin indemnización alguna dentro del plazo de sesenta días de su celebración, y en el mismo se establecerá que el aprendiz no podrá ser empleado en tareas ajenas a las relacionadas con el aprendizaje, ni en las que puedan perjudicar su salud; y

f) El contrato de aprendizaje será registrado en el Instituto Nacional del Trabajo y Servicios Anexados y el incumplimiento del mismo por las partes (patronos y aprendices) será sancionado en la forma que oportunamente se reglamente.

Artículo 310. Quedan exonerados de las obligaciones estipuladas en los dos artículos anteriores, aquellos patronos y jefes de empresas, en cuyos establecimientos trabajen menores que asistan o hayan asistido a los cursos regulares de la Universidad del Trabajo del Uruguay, a las de los centros de enseñanza mencionados en el artículo 304 o a los de enseñanza secundaria, y obtengan o hubieran obtenido certificados de aptitud en los dos primeros casos o hubieran aprobado por lo menos tres años en el último caso.

Artículo 311. Créase una Comisión que se denominará "Comisión de Fomento del Aprendizaje", la que estará integrada de la siguiente manera: un representante del Ministerio de Instrucción Pública y Previsión Social; uno del Ministerio de Industrias y Trabajo; uno designado por la Universidad del Trabajo del Uruguay; dos por la industria agraria (uno patronal y otro obrero); dos por la industria manufacturera (uno patronal y otro obrero); y dos por el comercio (uno patronal y otro obrero). La presidencia será ejercida por el representante del Ministerio de Instrucción Pública y Previsión Social.

Dicha Comisión tendrá los siguiente cometidos:

a) Redactar la forma del contrato colectivo de aprendizaje, creado por el artículo 309, para el grupo industrial o comercial correspondiente;

b) fijar para cada grupo industrial o comercial, el porcentaje de aprendices que le corresponda;

c) estudiar y fijar la tasa anual de renovación de aprendices para cada uno de los grupos industriales y comerciales, debiendo llevar a tal fin los registros de menores que trabajan en las distintas categorías. Las instituciones representadas en la Comisión de aprendizaje y las vinculadas a este problema, podrán a disposición de los integrantes todos los asesoramientos que éstos soliciten;

d) normalizar el aprendizaje correspondiente a cada grupo industrial o comercial considerándolo no como un modo de empleo, sino como un modo de instrucción;

e) considerar la situación de aquellos establecimientos cuyas características especiales no permitan dar cumplimiento a lo estipulado en el artículo 308. La resolución definitiva será acordada con la Universidad del Trabajo del Uruguay;

f) organizar y reglamentar un "servicio de empleo" para los aprendices egresados de las Escuelas de la Universidad del Trabajo del Uruguay, donde se desarrollen las enseñanzas referidas en el artículo 302; y

g) proveer de una libreta de trabajo y aprendizaje a los menores comprendidos en las disposiciones de esta ley, en la misma se certificará: identidad, estudios cursados, escolaridad, características de su empleo y todo otro antecedente que se considere pertinente incluir.

Artículo 312. Los patronos y jefes de establecimientos están obligados a emplear en sus empresas, aprendices titulados por la Universidad del Trabajo del Uruguay o cuyos certificados esta Universidad revalide, en número que corresponda al porcentaje fijado por la Comisión de Aprendizaje para el grupo industrial correspondiente, solicitándolos al "servicio de empleo" que crea el artículo anterior. En este número están incluídos aquellos aprendices alumnos que están realizando su formación.

También las reparticiones técnicas de los distintos Ministerios, Entes Autónomos y empresas concesionarias de servicios públicos, solicitarán al "servicio de empleo", los aprendices que necesiten, y darán preferencia, en igualdad de condiciones, para toda designación que requiera el conocimiento de un oficio, a los egresados de las escuelas de la Universidad del Trabajo del Uruguay y de los centros de enseñanza mencionados en el artículo 304.

Artículo 313. El Consejo del Niño deberá adecuar, por la vía de una reglamentación, las disposiciones del Código del Niño en materia de trabajo de menores, con las de la presente ley. Esta reglamentación deberá ser aprobada por el Poder Ejecutivo.

Artículo 314. Créase el "Fondo Universidad del Trabajo del Uruguay" destinado a atender los gastos que insuman:

-la construcción y reparación de edificios destinados a escuelas y cursos que funcionan o funcionen en la Universidad del Trabajo;

-el equipamiento de los talleres, clases, laboratorios, bibliotecas, oficinas, etc., pertenecientes a esas escuelas o cursos;

-el otorgamiento de becas estudiantiles que se creen por expresa reglamentación del Consejo Directivo de dicha institución;

-el pago de salarios sociales que pudieran establecerse como complemento económico de leyes tendientes al estímulo del aprendizaje;

-el pago de premios en concursos convocados por el Consejo Directivo del Instituto para la confección de textos;

-el costo de locomoción para el transporte de alumnos;

-la propaganda en favor de los cursos en las distintas zonas del país y cualquier otro tipo de erogación que demande el funcionamiento del Organismo.

Los recursos del Fondo que se crea en este artículo, no podrán afectarse al pago de sueldos, jornales, honorarios o compensaciones que demande el personal docente, administrativo y de servicio de la Institución.

Artículo 315. Destínase al referido Fondo, la partida de $ 25:000.000.00 (veinticinco millones de pesos), establecida en el Item 17.02 del Presupuesto de Sueldos y Gastos.

Artículo 316. El Consejo Directivo de la Universidad del Trabajo del Uruguay establecerá antes del 31 de enero de cada ejercicio, el Plan de gastos a realizarse durante el mismo con cargo a los recursos del Fondo, debiendo tener dicho Plan, para su ejecución, la previa aprobación del Tribunal de Cuentas de la República.

Artículo 317. La inspección y contralor del contrato colectivo de aprendizaje serán reglamentados por el Poder Ejecutivo.

Artículo 318. La Universidad del Trabajo del Uruguay, con el asesoramiento de la Comisión de Aprendizaje, confeccionará dentro de los noventa días de promulgada la presente ley, la reglamentación de la misma y la elevará para su aprobación al Poder Ejecutivo.

Ley N° 15.739, del 28 de marzo de 1985.
Ley de Emergencia para la Enseñanza.

CAPITULO I
Principios Fundamentales

Artículo1°. La enseñanza-aprendizaje se realizará sin imposiciones ni restricciones que atenten contra la libertad de acceso a todas las fuentes de la cultura. Cada docente ejercerá sus funciones dentro de la orientación general fijada en los planes de estudio y cumpliendo con el programa respectivo, sin perjuicio de la libertad de cátedra en los niveles correspondientes.

CAPITULO II
Régimen General

Artículo 5°. Créase la Administración Nacional de Educación Pública, Ente Autónomo con personería jurídica que funcionará de acuerdo con las normas pertinentes de la Constitución y de esta ley.

Artículo 6°. La Administración Nacional de Educación Pública tendrá los siguientes cometidos:

1°) Extender la educación a todos los habitantes del país, mediante la escolaridad total y el desarrollo de la educación permanente.

2°) Afirmar en forma integral los principios de laicidad, gratuidad y obligatoriedad de la enseñanza.

3°) Asegurar una efectiva igualdad de oportunidades para todos los educandos, iniciando desde la escuela una acción pedagógica y social que posibilite su acceso por igual a todas las fuentes de educación.

4°) Atender especialmente a la formación del carácter moral y cívico de los educandos; defender los valores morales y los principios de libertad, justicia, bienestar social, los derechos de la persona humana y la forma democrática republicana de gobierno.

5°) Promover el respeto a las convicciones y creencias de los demás; fomentar en el educando una capacidad y aptitud adecuadas a su responsabilidad cívica y social y erradicar toda forma de intolerancia.

6°) Tutelar y difundir los derechos de los menores, proteger y desarrollar la personalidad del educando en todos sus aspectos.

7°) Estimular la autoeducación, valorizar las expresiones propias del educando y su aptitud para analizar y evaluar situaciones y datos, así como su espíritu creativo y vocación de trabajo.

8°) Impulsar una política asistencial al educando que procure su inserción en la vida del país, en función de programas y planes conectados con el desarrollo nacional.

9°) Estimular la investigación científica y atender la creación de becas de perfeccionamiento y especialización cultural.

CAPITULO III
Organización

Artículo 7°. Los órganos de la Administración Nacional de Educación Pública son: el Consejo Directivo Central; la Dirección Nacional de Educación Pública, los Consejos de Educación Primaria, de Educación Secundaria y de Educación Técnico-Profesional y sus respectivas Direcciones Generales.

Artículo 8°. El Consejo Directivo Central se compondrá de cinco miembros que hayan ejercido la docencia en la educación pública por un lapso no menor de diez años. Serán designados por el Presidente de la República en acuerdo con el Consejo de Ministros, previa venia de la Cámara de Senadores, otorgada sobre propuestas motivadas en sus condiciones personales y reconocida solvencia y acreditados méritos en los asuntos de educación general, por un número de votos equivalente a los tres quintos de sus componentes elegidos conforme al inciso primero del artículo 94 de la Constitución.

Por el mismo procedimiento, serán designados de entre los miembros del Consejo Directivo Central, el Director Nacional de Educación Pública y el Sub-Director Nacional de Educación Pública, quien subrogará al primero en todo caso de impedimento temporal para el desempeño de su cargo.

Artículo 9°. Este procedimiento de designación regirá en esta oportunidad; las futuras autoridades de la Enseñanza serán designadas en el momento y por el procedimiento que establezca una nueva ley a sancionarse en la materia. Hasta tanto se designen esas futuras autoridades, seguirán actuando las designadas conforme a la presente ley. Para la provisión de vacantes que se produzcan en el Consejo Directivo Central, serán llamados los miembros de los Consejos desconcentrados.

A tales efectos, en reunión conjunta del Consejo Directivo Central con los Consejos desconcentrados se elegirá por mayoría absoluta de componentes una terna que el Consejo Directivo Central elevará al Poder Ejecutivo para que éste formule la designación de acuerdo al procedimiento previsto por el artículo 187 de la Constitución de la República.

Artículo 10. Los Consejos de Educación Primaria, de Educación Secundaria y de Educación Técnico-Profesional se compondrán de tres miembros cada uno; a los efectos de su designación se requerirá reconocida solvencia, acreditados méritos en los asuntos de educación y haber ejercido la docencia en la educación pública por un lapso no menor de diez años.

Artículo 11. Los miembros de los Consejos de Educación Primaria, de Educación Secundaria y de Educación Técnico-Profesional y sus Directores Generales, serán designados por el Consejo Directivo Central por cuatro votos conformes y fundados.

Al proceder a la provisión de los Consejos de Educación Primaria, de Educación Secundaria y de Educación Técnico-Profesional, el Consejo Directivo Central designará conjuntamente tres suplentes para cada Consejo, quienes deberán reunir los mismos requisitos que se exigen para ser titular.

Las vacantes que se produzcan en estos Consejos serán cubiertas acudiendo a la respectiva nómina de suplentes.

Artículo 12. El Consejo Directivo Central por cuatro votos conformes y resolución fundada podrá crear una o mas Direcciones Generales de especial jerarquía para administrar ramas de la Educación que por su importancia y singularidad así lo requieran y que no sean por texto legal de la competencia expresa y específica de otros órganos estatales.

CAPITULO IV
Atribuciones de los Consejos

Artículo 13. Compete al Consejo Directivo Central:

1°) Establecer la orientación general a que deberán ajustarse los planes y programas de estudios primarios, secundarios y de la educación técnico-profesional.

2°) Aprobar los planes estudio proyectados por los Consejos desconcentrados.

3°) Fijar las directivas generales para la preparación de los proyectos de presupuesto que deberán enviar los Consejos desconcentrados y elaborar, en su momento, los proyectos definitivos de presupuesto y de rendición de cuentas.

4°) Representar al Ente en las ocasiones previstas por el artículo 202, inciso tercero de la Constitución, oyendo previamente a los Consejos desconcentrados.

5°) Dictar los reglamentos necesarios para el cumplimiento de sus funciones y particularmente el Estatuto de todos los funcionarios del servicio, con las garantías establecidas en la Constitución y en esta ley.

6°) Designar a todo el personal del Ente, salvo las designaciones de personal docente dependiente directamente de los Consejos desconcentrados.

7°) Designar al Secretario General y al Secretario Administrativo del Consejo Directivo Central con carácter de cargos de particular confianza.

8°) Destituir por ineptitud, omisión o delito, a propuesta de los Consejeros desconcentrados cuando dependieren de éstos y con las garantías que fija la ley y el

Estatuto, al personal docente, técnico, administrativo, de servicio u otro de todo el Ente.

9°) Destituir a los miembros de los Consejos desconcentrados por cuatro votos conformes y fundados.

10°) Organizar y realizar, a nivel nacional, el Servicio de Estadística Educativa.

11°) Organizar y realizar, a nivel terciario, en todo el territorio de la república la formación y perfeccionamiento del personal docente. A los efectos, podrá realizar convenios con la Universidad de la República.

12°) Conceder las acumulaciones de sueldo que sean de interés de la Educación y se gestionen conforme a las leyes y reglamentos.

13°) Habilitar a los institutos privados de Educación Primaria, de Educación Secundaria y de Educación Técnico-Profesional.

14°) Establecer normas y procedimientos de supervisión y fiscalización para los institutos habilitados, oyendo previamente la opinión del Consejo desconcentrado que corresponda, así como la de dichos institutos.

15°) Conferir títulos y diplomas y revalidar títulos y diplomas extranjeros, en dos niveles y modalidades de educación a su cargo.

16°) Ejercer la fiscalización de los institutos habilitados de formación docente.

17°) Establecer oportunamente mecanismos que posibiliten la consulta a los estudiantes de los institutos de formación docente y su iniciativa en los asuntos relativos a éstos.

18°) Resolver los recursos de revocación interpuestos contra sus actos, así como los recursos jerárquicos.

19°) Delegar en los Consejos desconcentrados y por resolución fundada, las atribuciones que estime conveniente. No son delegables las atribuciones que le comete la Constitución de la República y aquellas para cuyo ejercicio esta ley requiere mayorías especiales.

Artículo 14. Serán atribuciones de los Consejos desconcentrados:

1°) Impartir la enseñanza correspondiente a su respectivo nivel, exigiendo al educando, en el caso de Educación Secundaria y de Educación Técnico-Profesional, la preparación correspondiente al nivel anterior.

2°) Habilitar para cursar estudios superiores.

3°) Proyectar los planes de estudio y aprobar los programas de las asignaturas que ellos incluyan, una vez que los primeros sean aprobados por el Consejo Directivo Central.

4°) Administrar los servicios y dependencias a su cargo.

5°) Supervisar el desarrollo de los cursos.

6°) Reglamentar la organización y el funcionamiento de los servicios a su cargo y adoptar las medidas que los mismos requieran.

7°) Proponer toda clase de nombramientos, reelecciones, ascensos, sanciones y destituciones, así como otorgar licencias y designar el personal docente conforme al Estatuto del Funcionario y a las ordenanzas que dicte el Consejo Directivo Central. Podrán también dictar normas en esta materia con arreglo al Estatuto y a las ordenanzas.

8°) Designar al Secretario General de cada Consejo desconcentrado, con carácter de cargo de particular confianza.

9°) Proyectar las normas estatutarias que crea necesarias para sus funcionarios y elevarlas al Consejo Directivo Central a los efectos de su aprobación e incorporación al Estatuto de los Funcionarios del Ente.

10°) Proyectar, ajustándose a las normas establecidas por el Consejo Directivo Central, los presupuestos de sueldos, gastos e inversiones correspondientes a los servicios a su cargo y sus modificaciones; así como elevar al Consejo Directivo Central las rendiciones de cuentas y balances de ejecución correspondientes a los servicios a su cargo.

11) Ejercer la supervisión y fiscalización de los institutos habilitados de la rama respectiva.

12) Conferir y revalidar certificados de estudio nacionales y revalidar certificados de estudio extranjeros en los niveles y modalidades de educación a su cargo.

13) Adoptar las resoluciones atinentes al ámbito de su competencia, salvo aquellas que por la Constitución, la presente ley y las ordenanzas del Consejo Directivo Central correspondan a los demás órganos.

14) Ejercer las demás atribuciones que le delegare especialmente el Consejo Directivo Central.

CAPITULO V
Atribuciones del Director Nacional de Educación Pública y de los Directores Generales

Artículo 15. Son atribuciones del Director Nacional de Educación Pública y de los Directores Generales:

1) Presidir los Consejos respectivos, dirigir las sesiones, cumplir y hacer cumplir los reglamentos y resoluciones.

2) Representar al Consejo, cuando corresponda.

3) Autorizar los gastos que sean necesario, dentro de los límites que establezcan la ley y las ordenanzas.

4) Tomar las resoluciones de carácter urgente que estime necesario para el cumplimiento del orden y el respeto de las disposiciones reglamentarias. En ese caso dará cuenta al Consejo, en la primera sesión ordinaria, y éste podrá oponerse por mayoría de votos de sus componentes, debiendo fundar su oposición.

5) Adoptar las medidas de carácter disciplinario que correspondan, dando cuenta al Consejo en la forma señalada en el inciso precedente.

6) Inspeccionar el funcionamiento de las reparticiones de su competencia y tomar las medidas que correspondan.

7) Preparar y someter a consideración del Consejo los proyectos que estime conveniente.

CAPITULO VI
Del Patrimonio

Artículo 16. El Ente Autónomo que se crea sucede de pleno derecho en todos sus derechos y obligaciones al Consejo Nacional de Educación. Tendrá la administración de sus bienes, salvo la de aquellos que estén destinados al servicio de los Consejos desconcentrados o que se destinaren en el futuro, por resolución del Consejo Directivo Central. La administración de estos últimos bienes estará a cargo del respectivo Consejo desconcentrado.

Artículo 17. La adquisición y enajenación a título oneroso, gravamen o afectación con derechos reales, de bienes inmuebles por parte de la Administración Nacional de Educación Pública, deberán ser resueltas en todos los casos por cuatro votos conformes, previa consulta a los Consejos desconcentrados cuando se tratare de bienes destinados o a destinarse a su servicio. Las enajenaciones a título gratutito requerirán la unanimidad de votos del Consejo Directivo Central.

Artículo 18. Son ingresos del patrimonio de la Administración Nacional de Educación Pública:

1°) Las partidas que se le asignen por las Leyes de Presupuesto, de conformidad con lo dispuesto por la Constitución.

2°) Los frutos naturales, industriales y civiles de sus bienes.

3°) Los recursos o proventos que perciba el Ente por la venta de la producción de los establecimientos de los Consejos desconcentrados o de los servicios que éstos vendan o arrienden, de conformidad con los reglamentos que oportunamente se dicten.

4°) Los que perciba por cualquier otro título.

Decreto-Ley N° 14.869 del 23 de febrero de 1979. Consejo de Capacitación Profesional

Artículo 1°. Créase el Consejo de Capacitación Profesional como persona de derecho Público no estatal con los mismas, atribuciones y organización que por esta ley se determinan. Será persona jurídica, tendrá su domicilio en la capital de la República y se vinculará con el Poder Ejecutivo a través del Ministerio de Educación y Cultura.

Artículo 2°. El Consejo de Capacitación Profesional tendrá a su cargo la proposición del Poder Ejecutivo en la política de formación técnico profesional para todos los sectores del país, como complemento de la enseñanza curricular, de acuerdo con las necesidades específicas de cada sector productivo. Una vez aprobada la misma por el Poder Ejecutivo, deberá ejecutarla.

Artículo 3°. El Servicio a que se refiere el artículo 1° será dirigido y administrado por un Consejo Honorario designado por el Poder Ejecutivo, actuando en Consejo de Ministros.

El Consejo Honorario estará integrado por:

A) El Rector del Consejo Nacional de Educación o por quien éste proponga, que lo presidirá;

B) Un miembro propuesto por la Universidad de la República;

C) Un miembro propuesto por el Consejo de Educación Técnico-Profesional Superior (UTU);

D) Un miembro propuesto por la Secretaría de Planeamiento, Coordinación y Difusión (SEPLACODI);

E) Un miembro propuesto por el Ministerio de Trabajo y Seguridad Social;

F) Un miembro propuesto por el Ministerio de Agricultura y Pesca;

G) Un miembro propuesto por el Ministerio de Industria y Energía;

H) Dos miembros propuestos por la Cámara de Industrias del Uruguay;

I) Un miembro propuesto por la Asociación Rural del Uruguay;

J) Un miembro propuesto por la Federación Rural del Uruguay.

Artículo 4°. Serán cometidos del Consejo Honorario de Capacitación Profesional:

A) Formular programas de formación técnico profesional para todos los sectores del país, como complemento de la enseñanza curricular;

B) Impulsar el sistema de capacitación técnico profesional y coordinar sus acciones con los Ministerios de Trabajo y Seguridad Social, Agricultura y Pesca, Industria, de Educación (Consejo de Educación Técnico Profesional Superior);

C) Fijar las normas técnicas mínimas que regirán al sistema de capacitación técnico profesional;

D) Evaluar y controlar el cumplimiento de los planes y programas de capacitación técnico profesional ejecutados.

Artículo 5°. Sin perjuicio de las atribuciones a que se refiere el artículo 6°, para el cumplimiento de sus cometidos tendrá las siguientes atribuciones:

A) Establecer, organizar y administrar sus servicios de capacitación técnico profesional;

B) Fijar los programas y planes de estudio conforme a lo establecido en el artículo 2° de la presente ley;

C) Aprobar la ejecución de estudios e investigaciones sobre materia de su competencia y la prestación de asistencia técnica a empresas públicas y privadas cuando se lo requieran;

D) Administrar, distribuir y fiscalizar sus recursos económicos;

E) Celebrar convenios con instituciones públicas o privadas a fin de lograr un cumplimiento de sus cometidos;

F) Expedir constancias a aquellas personas que hayan aprobado los cursos de capacitación que dicte;

G) Designar al personal previa autorización del Poder Ejecutivo y disponer su cese;

H) Proponer al Poder Ejecutivo para su aprobación las tarifas del os servicios o actividades onerosas que realice.

Artículo 6°. Créase una Unidad Ejecutora directamente subordinada al Consejo Honorario de Capacitación Profesional que llevará a cabo los planes y proyectos aprobados por éste, el cual, previa autorización del Poder Ejecutivo, designará a su Director y establecerá el régimen del personal dependiente, de acuerdo con lo que disponga la respectiva reglamentación.

Artículo 7°. A los efectos de lograr una efectiva participación de las empresas en el sistema, el Consejo Honorario de Capacitación Profesional podrá crear Comisiones Técnicas Asesoras en cada uno de los sectores en que se programen actividades de capacitación técnico profesional.

Artículo 8°. El patrimonio del Consejo de Capacitación Profesional estará integrado por los bienes muebles e inmuebles que adquiera a cualquier título y por todo otro recurso fijado por la ley.

Artículo 9°. Serán recursos del Consejo de Capacitación Profesional:

A) Un tributo de hasta el 5 ‰ (cinco por mil) como máximo sobre el valor FOB que gravará todas las exportaciones declaradas. El Poder Ejecutivo dentro de ese margen fijará anualmente la tasa y reglamentará el momento y forma de su percepción;

B) Los ingresos derivados de los servicios o actividades onerosas que realice (Artículo 5°, literal H);

C) Las contribuciones, donaciones y legados que se le destinen.

Artículo 10. El Consejo de Capacitación Profesional proyectará su presupuesto anualmente y lo elevará al Poder Ejecutivo para su aprobación, conjuntamente con el plan de actividades para el año. El proyecto comprenderá: I) Programas de funcionamiento discriminados en rubros de gastos y retribuciones personales; II) Previsión de los recursos y estimación de su producido; III) Programas de inversiones y IV) Normas para su ejecución e interpretación.

Artículo 11. Dentro de los noventa días de vencido cada ejercicio anual, el Consejo de Capacitación Profesional presentará al Poder Ejecutivo para su aprobación la rendición de cuentas correspondiente a dicho ejercicio.

Artículo 12. Sin perjuicio del contralor que realizará el Ministerio de Educación y Cultura, la Inspección General de Hacienda tendrá las más amplias facultades de fiscalización de la gestión financiera del Consejo de Capacitación Profesional.

Artículo 13. Exonérase al Consejo de Capacitación Profesional del pago de todo tipo de tributos nacionales o municipales.

Artículo 14. Deróganse todas las disposiciones legales que directa o indirectamente se opongan a esta ley.

Artículo 15. El Poder Ejecutivo reglamentará la presente ley.

Artículo 16. Comuníquese, etc.

Ley Nº 16.104, del 23 de enero de 1990

CAPITULO VII
LICENCIA PARA ESTUDIANTES

Artículo 33. (redacción dada por el artículo 30 de la ley Nº 16.736) Los funcionarios que cursen estudios en institutos de enseñanza pública o privada habilitados en los ciclos de Enseñanza Secundaria Básica y Superior, Educación Técnico-Profesional Superior, Enseñanza Universitaria, Instituto Normal y otros de análoga naturaleza pública o privada, tendrán derecho a una licencia complementaria de hasta treinta días anuales hábiles para rendir sus pruebas y exámenes. Tal licencia complementaria podrá gozarse en forma fraccionada.

A los funcionarios profesionales que cursen estudios de grado o postgrado, se les podrá conceder dicha licencia cuando los cursos a realizar redunden en beneficio directo de la Administración, a juicio del jerarca.

Artículo 34. (redacción dada por el artículo 30 de la ley Nº 16.736) Los funcionarios estudiantes que hayan solicitado tal licencia deberán acreditar ante sus respectivos jefes, dentro del mes siguiente al último día de esta licencia, haber efectivamente rendido la prueba o el examen para la cual se la solicitó.

Para poder acceder a tal licencia deberá acreditarse, con excepción de aquellos que se encuentren cursando primer año por primera vez, haber aprobado al menos dos exámenes en el año anterior, situación que podrá presentar excepciones de acuerdo a los diversos planes de estudio que tenga la institución y el curso que esté realizando el estudiante. El Poder Ejecutivo reglamentará estas excepciones a propuesta de la Oficina Nacional del Servicio Civil.

Si se comprobare que los funcionarios estudiantes no cumplieron las condiciones por las cuales se le acordó la licencia complementaria, se aplicarán los correspondientes descuentos por inasistencia.

Ley 16.320, del 1° de noviembre de 1992. Se crea la Dirección Nacional de Empleo como Unidad Ejecutora del Ministerio de Trabajo y Seguridad Social

Artículo 319. Créase en el Ministerio de Trabajo y Seguridad Social, programa 003 "Estudio, Investigación, Fomento y Coordinación de Políticas Activas de Empleo y Formación Profesional", la función de Director Nacional de Empleo. La retribución será la correspondiente a la establecida por el literal E) del artículo 9° de la Ley N° 15.809, de 8 de abril de 1986. La designación y cese de quien cumplirá la función se realizará por el Poder Ejecutivo y deberá recaer entre funcionarios de los escalafones A y D del Ministerio de Trabajo y Seguridad Social. El funcionario designado conservará su cargo presupuestal y todos los derechos inherentes al mismo.

Artículo 322. La Dirección Nacional de Empleo tendrá los siguientes cometidos:

a) elaborar la política nacional de empleo;

b) asesorar en la programación y ejecución de planes migratorios del sector laboral;

c) programar, ejecutar o coordinar planes de colocación para grupos especiales de trabajadores;

d) ejercer la supervisión de las empresas privadas de colocación;

e) proponer y ejecutar programas de orientación laboral y profesional, pudiendo para ello celebrar convenios con organismos públicos y entidades privadas nacionales, extranjeras e internacionales;

f) desarrollar programas de información acerca de la mano de obra y su evolución;

g) llevar una nómina del personal recapacitado o beneficiario del sistema de reconversión laboral, de acuerdo a lo que determine la reglamentación a dictarse;

h) desarrollar programas de orientación y asistencia técnica a trabajadores que deseen transformarse en pequeños empresarios;

i) implementar, ejecutar y coordinar estudios y proyectos referentes a planes nacionales, regionales, departamentales y locales de desarrollo social y económico en lo relativo a la utilización de recursos humanos;

j) actualizar la Clasificación Nacional de Ocupaciones y coordinar con otros organismos la certificación ocupacional.

Artículo 323. Créase en el Ministerio de Trabajo y Seguridad Social la Junta Nacional de Empleo que se integrará con tres miembros: el Director Nacional de Empleo que la presidirá, uno designado por el Poder Ejecutivo a propuesta de la organización sindical más representativa y uno designado por el Poder Ejecutivo a propuesta del sector patronal (Industria, Comercio y Agro).

La reglamentación a dictarse establecerá su forma de funcionamiento.

Artículo 324. Serán cometidos de la Junta Nacional de Empleo:

a) asesorar a la Dirección Nacional de Empleo en los cometidos que les fija la presente ley;

b) diseñar programas de recapacitación de la mano de obra, ya sea directamente por acuerdo con entidades públicas o privadas, nacionales o extranjeras;

c) estudiar y medir el impacto de la incorporación de nuevas tecnologías y de las políticas de integración en el mercado laboral, proponiendo las medidas correspondientes;

d) asesorar a requerimiento de otros organismos públicos o entidades privadas, en materias de su competencia;

e) colaborar y coordinar con la Dirección Nacional de Empleo en la elaboración de políticas de desarrollo local, en lo referente a los recursos humanos, coordinando su ejecución con los Gobiernos Municipales y entidades no gubernamentales;

f) colaborar en el desarrollo de programas de información acerca de la mano de obra y su evolución;

g) colaborar y coordinar con la Dirección Nacional de Empleo en la elaboración de programas de orientación laboral y profesional;

h) administrar el Fondo de Reconversión Laboral;

i) estudiar las necesidades de los trabajadores amparados por el Seguro por Desempleo, definiendo la recapacitación del trabajador de acuerdo a sus aptitudes personales y a la demanda del mercado ocupacional. A tales efectos afectará, por resolución fundada y unánime, los recursos que administra, pudiendo destinar hasta un 5% (cinco por ciento), de los mismos para pago de estudios e investigaciones.

Artículo 325. Créase el Fondo de Reconversión Laboral que se integrará con los siguientes recursos:

a) el 0,25% (cero con veinticinco por ciento), adicional de las retribuciones gravadas por el impuesto creado por el artículo 25 del decreto- ley N° 15.294, de 23 de junio de 1982, con excepción de los funcionarios públicos, jubilados y pensionistas;

b) lo recaudado por la prestación de servicios contratados por terceros relacionados con temas de su competencia;

c) lo recibido por herencia, donaciones, legados e intereses generados por el depósito de sus fondos;

d) lo recaudado por concepto de aporte patronal, establecido en el artículo 330;

e) lo obtenido por contratos de préstamo con organizaciones nacionales e internacionales, suscritos por el Poder Ejecutivo, con destino al Fondo de Reconversión Laboral;

f) lo recaudado por conceptos de multas, impuestas por el Poder Ejecutivo por infracciones a la presente ley.

Artículo 326. Facúltase al Poder Ejecutivo a partir del 1° de enero de 1994, a elevar la tasa del 0,25% (cero con veinticinco por ciento), establecida en el literal a) del artículo precedente, hasta un máximo de 0,50% (cero con cincuenta por ciento).

Dicha potestad podrá ser ejercida por el Poder Ejecutivo, exclusivamente si mediare una recomendación fundada y unánime de la Junta Nacional de Empleo, en razón del aumento de la demanda de la recapacitación profesional.

Artículo 327. Con cargo al Fondo de Reconversión Laboral, cuyos beneficiarios serán los trabajadores amparados al decreto- ley N° 15.180, de 20 de agosto de 1981, se atenderán las siguientes prestaciones:

a) actividades de formación para la recapacitación profesional prestadas a través de otros organismos estatales o entidades privadas. La ejecución de dichos programas se realizará mediante un contrato a formalizarse entre la Dirección Nacional de Empleo y las entidades seleccionadas por la Junta para impartir efectivamente los cursos;

b) un beneficio extraordinario para el trabajador que se recapacite, consistente en una prestación adicional a la establecida por el decreto- ley N° 15.180, de 20 de agosto de 1981, por el plazo que dure la recapacitación. El beneficio, cuyo porcentaje se establecerá sobre el monto mensual del subsidio por desempleo, se seguirá percibiendo una vez vencido el amparo previsto por el decreto-ley N° 15.180, de 20 de agosto de 1981, en aquellos casos en que la duración de la recapacitación lo requiera. Dichos porcentajes los fijará la Junta Nacional de Empleo, teniendo en cuenta la cantidad de trabajadores a recapacitar, las disponibilidades del Fondo y las condiciones establecidas en el literal i) del artículo 324.

Para que se generen las prestaciones referidas precedentemente, se requerirá la resolución del Director Nacional de Empleo que incorpore al o a los trabajadores al régimen previsto en esta norma, previo dictamen preceptivo y vinculante de la Junta Nacional de Empleo.

Si el personal recapacitado es reincorporado por la misma empresa, ésta reembolsará al Fondo los gastos de recapacitación y la reglamentación establecerá los plazos y condiciones en que se hará el pago.

Artículo 328. Son obligaciones del trabajador:

a) acudir a las entrevistas de orientación laboral que se dispongan, bajo apercibimiento de no ser incluido o de ser eliminado de la nómina a que se refiere el artículo siguiente;

b) concurrir a las actividades de formación profesional que se determinen. El no cumplimiento de esta obligación dará lugar a la pérdida de los beneficios otorgados por la presente ley.

Artículo 329. La nómina de trabajadores que llevará la Dirección Nacional de Empleo comprenderá los trabajadores amparados al Seguro por Desempleo, que aspiren a ingresar o hayan ingresado al sistema previsto en la presente ley.

La reglamentación establecerá la forma de inscripción.

Artículo 330. Para la cobertura de sus vacantes, las empresas podrán acudir a la nómina de trabajadores llevada por la Dirección Nacional de Empleo de acuerdo a las características, perfil y categoría profesional que necesite.

Los empleadores que tomen personal de la nómina referida, estarán exonerados durante los primeros noventa días de la relación laboral, de abonar los aportes patronales correspondientes y deberán verter el equivalente al 50% (cincuenta por ciento), del monto exonerado, al Fondo de Reconversión Laboral. La empresa no podrá despedir al trabajador contratado en estas condiciones —salvo notoria mala conducta— por un plazo de seis meses.

Sin perjuicio de lo establecido precedentemente, la Dirección Nacional de Empleo podrá autorizar contratos de trabajo a prueba que no excedan los quince días.

Artículo 331. La reglamentación a dictarse establecerá las sanciones al empleador en caso de infracción a las obligaciones que le impone la presente ley. Será de aplicación el régimen sancionatorio establecido en el artículo 289 de la Ley N° 15.903, de 10 de noviembre de 1987.

Artículo 332. Los programas que diseñe la Junta Nacional de Empleo atenderán preferentemente a los trabajadores desocupados como consecuencia de la incorporación de nuevas tecnologías u otros procesos de reconversión.

Los importes recaudados conforme al literal a) del artículo 325, serán acreditados mensualmente por el Banco de Previsión Social al Ministerio de Trabajo y Seguridad Social con destino al Fondo de Reconversión Laboral y depositados en cuenta especial en unidades reajustables que llevará el Banco Hipotecario del Uruguay. El retiro de fondos sólo se hará efectivo si el recaudo correspondiente se suscribe en forma conjunta por los tres miembros de la Junta Nacional de Empleo. Dentro de los ciento ochenta días de promulgada la presente ley, el Poder Ejecutivo dictará la reglamentación correspondiente.

Ley N° 16.873, del 3 de octubre de 1997.
Fomento de la Formación e Inserción Laboral de los Jóvenes.

I. DISPOSICIONES GENERALES

Artículo 1°. Para que las empresas puedan incorporar jóvenes en cualquiera de las modalidades contractuales previstas en la presente ley y obtener los correspondientes beneficios deberán cumplir con los siguientes requisitos:

A) Acreditar que están en situación regular de pagos con las contribuciones especiales de la seguridad social.

B) No haber efectuado, en los sesenta días anteriores a la contratación ni efectuar durante el plazo de la misma, despidos ni envíos al seguro por desempleo al personal permanente que realice iguales o similares tareas a las que el joven contratado vaya a realizar en el establecimiento.

C) Que tengan por lo menos un año de actividad en el país, salvo en aquellos casos que exista autorización previa de acuerdo a lo que establezca la respectiva reglamentación.

D) Que el porcentaje de contratados bajo cualquiera de las modalidades previstas en la presente ley no exceda el 20% (veinte por ciento) del total de los trabajadores de la empresa. En el caso de empresas unipersonales o empleadores que ocupen hasta cinco trabajadores no podrán incorporar más de un contratado en las condiciones previstas en la presente ley.

Artículo 2°. Los jóvenes que se contraten bajo cualquiera de las modalidades contractuales previstas en la presente ley deberán ser inscriptos en los Organismos de Seguridad Social gozando de todos los derechos y beneficios establecidos en las normas laborales vigentes y de todas las prestaciones de seguridad social, salvo el subsidio servido por el seguro por desempleo, sin perjuicio de las excepciones previstas en cada tipo de contratación por la presente ley.

Artículo 3°. El Instituto Nacional de la Juventud y la Junta Nacional de Empleo deberán evaluar cada dos años los resultados que surjan de la aplicación de la presente ley. Los Ministerios de Educación y Cultura y de Trabajo y Seguridad Social remitirán dichos informes a la Asamblea General.

II. CONTRATO DE PRACTICA LABORAL PARA EGRESADOS

Artículo 4°. Los contratos de práctica laboral podrán ser convenidos entre empleadores y jóvenes de hasta 29 años de edad, con formación previa y en busca de su primer empleo vinculado con la titulación que posean, con el objeto de realizar trabajos prácticos complementarios y aplicar sus conocimientos teóricos.

Artículo 5°. El contrato de práctica laboral deberá pactarse por escrito, debiendo constar expresamente la práctica a realizar y su duración, la que no podrá ser inferior a tres meses ni exceder de los doce meses.

Artículo 6°. Ningún trabajador amparado por la presente ley podrá ser contratado en prácticas en la misma o distinta empresa por tiempo superior a doce meses en virtud de la titulación.

Artículo 7°. Este contrato sólo podrá concertarse cuando el joven trabajador acredite, fehacientemente, haber egresado de las universidades, centros públicos o privados habilitados de formación docente, de enseñanza técnica, comercial, agraria, o de servicios, en la forma y las condiciones que establezca la reglamentación.

Artículo 8°. El puesto de trabajo y la práctica laboral deberán ser, en todos los casos, adecuados al nivel de formación y estudios cursados por el joven practicante.

Artículo 9°. Los empleadores deberán extender una constancia que acredite la experiencia adquirida por el joven practicante en el puesto de trabajo así como la asistencia, el comportamiento y la adaptación al trabajo.

III. BECAS DE TRABAJO

Artículo 10. El objeto de las becas de trabajo es posibilitar que jóvenes de quince a veinticuatro años pertenecientes a sectores sociales de bajos ingresos se vinculen a un medio laboral y realicen una adecuada primera experiencia laboral.

Artículo 11. El Instituto Nacional del Menor, el Instituto Nacional de la Juventud y la Administración Nacional de Educación Pública podrán acordar con organismos públicos estatales o no estatales, así como con empresas privadas becas de trabajo. Las organizaciones no gubernamentales requerirán la autorización de una de las instituciones antes mencionadas para acordar becas de trabajo. La autorización supone el reconocimiento de que la beca se refiere a los beneficiarios y al propósito expresado en el artículo anterior.

Artículo 12. Las becas de trabajo deberán pactarse por escrito y la duración de las mismas no podrá exceder de nueve meses. Los jóvenes se beneficiarán de ellas por única vez.

Artículo 13. Los empleadores deberán extender una constancia que acredite la experiencia adquirida por el joven en el puesto de trabajo así como la asistencia, el comportamiento y la adaptación al trabajo.

IV. CONTRATO DE APRENDIZAJE

Artículo 14. El aprendizaje es una de formación profesional en virtud de la cual un empleador se obliga a ocupar a una persona no mayor de veintinueve años y enseñarle o hacerle enseñar, íntegra y metódicamente, de acuerdo con un programa establecido por una instituto de formación técnico-profesional, un oficio calificado o profesión, durante un período previamente fijado y en el curso del cual el aprendiz está obligado a trabajar al servicio de dicho empleador.

Artículo 15. Los contratos de aprendizaje deberán pactarse por escrito entre la empresa, el aprendiz y la institución de formación técnico-profesional, pública o privada habilitada, responsable del proceso de formación y contener al menos los siguientes elementos:

A) Oficio o profesión para cuya formación y desempeño ha sido contratado el aprendiz.

B) Plazo de contratación.

C) Forma y monto de remuneración.

D) Días y horarios de trabajo y tareas a desarrollar por el aprendiz.

E) Formas de coordinación y supervisión del aprendizaje teórico y practico.

Artículo 16. El plazo de duración del aprendizaje deberá adecuarse a los planes y programas de formación, a la exigencias de la calificación a la que se aspira y a los conocimientos de base que posee el aprendiz, no pudiendo superar en ningún caso el plazo máximo de veinticuatro meses.

El plazo en los contratos de aprendizaje dirigidos por instituciones de formación técnico-profesional que no sean públicas o las privadas, sin participación o supervisión pública, deberá ser autorizado por la Junta Nacional de Empleo sin que pueda exceder el máximo previsto en el inciso anterior.

En los casos de enfermedad, accidente de trabajo o maternidad, se prorrogará el contrato por un tiempo igual al que haya durado la licencia por enfermedad, accidente de trabajo o maternidad, debiéndose justificar la atención por el Banco de Previsión Social o por el Banco de Seguros del Estado.

Artículo 17. En los contratos de aprendizaje en los que se prevean horas o jornadas de formación teórica fuera del establecimiento, los mismos se considerarán como tiempo efectivamente trabajado a todos los efectos, siempre que así hubiera sido previamente convenido.

Artículo 18. Las partes contratantes podrán acordar un período de prueba no superior a noventa días los que serán contados como parte del plazo máximo establecido en el artículo 16 de la presente ley.

Artículo 19. La institución de formación técnico-profesional otorgará al aprendiz una vez culminado el aprendizaje un certificado en el que conste la naturaleza, duración y finalidad de la formación profesional obtenida. Por su parte, el empleador extenderá una constancia acerca de la práctica desarrollada en la empresa.

Artículo 20. Expirada la duración máxima del contrato ningún trabajador podrá ser contratado bajo esta modalidad por la misma o distinta empresa.

V. CONTRATO DE APRENDIZAJE SIMPLE

Artículo 21. Los contratos de aprendizaje simple podrán ser convenidos entre empleadores y jóvenes de hasta veinticinco años de edad. En estos contratos el empleador se obliga a proporcionar trabajo e impartir capacitación en forma metódica durante un período determinado, brindando al aprendiz los conocimientos prácticos necesarios para el desempeño adecuado de un oficio o puesto de trabajo calificado.

Artículo 22. El empleador deberá proporcionar trabajo adecuado al aprendizaje objeto del contrato, no pudiendo emplearse el aprendiz en tareas ajenas al objeto del mismo, o que de cualquier manera defieran de su categoría laboral.

Artículo 23. El empleador nombrará un instructor de entre sus empleados que tendrá a su cargo, como máximo, tres aprendices.

Para el caso en que la empresa destine un instructor exclusivamente para esa tarea, podrán ser hasta diez los aprendices por cada instructor.

Artículo 24. El contrato de aprendizaje deberá formalizarse por escrito, haciéndose constar expresamente el objeto del mismo, la capacitación que se impartirá, los datos personales del aprendiz y su instructor, así como la especialización técnico-profesional de este último.

Artículo 25. Las partes acordarán el plazo del contrato, el que podrá fijarse entre cuatro y seis meses, teniendo en cuenta el tipo de capacitación que recibirá el aprendiz.

VI DISPOSICIONES FINALES

Artículo 26. Las empresas que contraten bajo las formas y condiciones previstas en la presente ley gozarán de las siguientes exoneraciones:

A) Aportes patronales con destino al régimen jubilatorio.

B) Aportes patronales con destino al seguro social por enfermedad.

Dichas exoneraciones alcanzarán a la materia gravada que generen las contrataciones celebradas en el marco de la presente ley y por el plazo de las mismas, a partir de la inscripción prevista en el artículo 31 de la presente ley.

Si el empleador rescindiere unilateralmente la relación laboral antes del vencimiento del plazo, y con excepción a lo dispuesto en el artículo 30 de la presente ley, deberá reintegrar al Banco de Previsión Social los aportes previstos en el presente artículo.

Dicho reintegro guardará correspondencia con el período por el cual se mantuvo la relación laboral.

Artículo 27. Cuando la extinción de la relación laboral se deba a la expiración normal del plazo acordado en las modalidades consagradas en la presente ley, los empleadores no estarán obligados al pago de indemnización por despido establecida en las normas laborales vigentes.

Artículo 28. Concluida la duración máxima de los contratos establecidos en la presente ley, ningún trabajador podrá ser contratado bajo la misma modalidad contractual, por la misma o distinta empresa.

Sin perjuicio de lo dispuesto en el inciso anterior, si el empleador rescindiere unilateralmente la relación laboral y no mediare notoria mala conducta por parte del trabajador, este último tendrá derecho a ser contratado bajo la misma modalidad por otro empleador. En este caso el nuevo contrato no podrá exceder el plazo del contrato pendiente de ejecución a la fecha de rescisión.

Artículo 29. Si al vencimiento del contrato el trabajador continúa desempeñando tareas se considerará una contratación definitiva y pasará a regirse por toda la normativa laboral y previsional vigente.

Artículo 30. Los contratos previstos en la presente ley se rescindirán sin responsabilidad alguna por voluntad unilateral del empleador durante el período de prueba.

Artículo 31. Todos los contratos que se celebren en el marco de la presente ley deberán registrarse en la Inspección General del Trabajo, la que tendrá por cometido, además, fiscalizar el debido cumplimiento de los mismos.

Artículo 32. La inobservancia de lo prescrito por la presente ley privará a las empresas de los beneficios otorgados por la misma.

Artículo 33. Todas las modalidades de contratos previstas en la presente ley serán remuneradas.

A falta de convenio colectivo del sector de actividad, de grupos de empresas o de empresa, la remuneración no podrá ser inferior al mínimo salarial de la categoría correspondiente en la empresa.

La remuneración inicialmente fijada se incrementará en la oportunidad y por los criterios aplicables al resto del personal del empleador.

Artículo 34. Las violaciones de la presente ley que se comentan por parte de los empleadores o de las instituciones de formación técnico-profesional en los casos que corresponda, serán sancionadas de acuerdo a lo dispuesto en los artículos 289, 290 y 291 de la Ley N° 15.903, de 10 de noviembre de 1987, con la redacción del artículo 289 que estableciera el artículo 412 de la Ley N° 16.736, de 5 de enero de 1996.

Artículo 35. Las disposiciones de la presente ley no serán de aplicación a las modalidades contractuales que celebren organismos públicos estatales como empleadores, con excepción de lo previsto en los artículos 11 y 26 de la presente ley.

Artículo 36. El Poder Ejecutivo deberá reglamentar la presente ley en un plazo máximo de ciento ochenta días.

Ley N° 17.230 del 7 de enero de 2000

Declárase el derecho de los alumnos mayores de quince años que concurran a establecimientos educacionales del país, a desarrollar una actividad productiva en concordancia con los objetivos educativos del desarrollo nacional.

Artículo 1°. Declárase el derecho de los alumnos mayores de quince años que concurran a establecimientos educacionales del país, a desarrollar una actividad productiva en concordancia con los objetivos educativos del desarrollo nacional.

Artículo 2°. Establécese el sistema de pasantías laborales como mecanismo regular de la formación curricular de los alumnos reglamentados del Subsistema de Educación Técnico-Profesional de la Administración Nacional de Educación Pública.

La presente disposición será también aplicable a los alumnos reglamentados de los institutos privados de educación técnico-profesional que se hallen debidamente habilitados.

Artículo 3°. El Consejo Directivo Central de la Administración Nacional de Educación Pública, a propuesta del Consejo de Educación Técnico-Profesional o del subsistema que corresponda en su caso, seleccionará entre las empresas interesadas a incorporarse al sistema a que refiere el artículo anterior, a aquellas en las que, por la tecnificación que hayan incorporado, se pueda prever un efectivo aprovechamiento teórico-práctico por parte del alumno, en su área específica de estudio.

Artículo 4°. El beneficiario de la pasantía deberá percibir por parte de la empresa respectiva una retribución íntegra equivalente a los dos tercios del salario vigente para las actividades idénticas a aquella en las que se desempeñe.

Artículo 5°. La actividad que desarrolle cada estudiante en la empresa respectiva será considerada de naturaleza técnico-pedagógica, y no será computada a los efectos jubilatorios, ni generará por sí misma derecho a permanencia o estabilidad alguna.

Artículo 6°. Cada pasantía laboral se cumplirá durante un período mínimo de tres meses, prorrogables por otros dos trimestres, en cada año lectivo, en empresas particulares cuyo giro esté vinculado a la naturaleza de los estudios que esté cursando cada alumno, y que se encuentren al día en los pagos del sistema de seguridad social.

Artículo 7°. El Consejo Directivo Central de la Administración Nacional de Educación Pública (ANEP) formalizará con las empresas referidas los convenios correspondientes, los que deberán contener cláusulas expresas sobre los objetivos a lograr, la limitación del horario de trabajo, que no podrá exceder el máximo legal, y la cobertura de los accidentes y enfermedades profesionales, así como también, la posibilidad de rescindir el contrato por parte de la empresa, cuando exista violación de la disciplina interna del establecimiento por parte del pasante.

La pasantía cesará "ipso jure" cuando el alumno pierda la calidad de reglamentado.

Artículo 8°. Los pagos a los pasantes no constituirán materia gravada para los tributos de la seguridad social ni para el Impuesto a las Retribuciones Personales.

Dichos pagos serán gastos deducibles para la determinación del Impuesto a las Rentas de la Industria y Comercio y del Impuesto a las Rentas Agropecuarias, en las condiciones y dentro de los límites que establezca el Poder Ejecutivo.

Artículo 9°. Los pasantes y los docentes acompañantes deberán ser debidamente registrados como tales por la autoridad educacional, ante las oficinas de la Inspección General del Trabajo y la Seguridad Social, con expresión del lapso autorizado en cada caso.

Artículo 10. Los pasantes podrán ser acompañados por sus docentes siempre que la empresa correspondiente lo autorice en forma expresa, todo ello, sin perjuicio de la plena vigencia de las potestades de orientación, supervisión y evaluación a cargo de la autoridad educacional.

Artículo 11. El Consejo Directivo Central de la Administración Nacional de Educación Pública (ANEP) determinará, por cuatro votos conformes, en cuales otros de sus servicios desconcentrados podrán ser aplicables los mecanismos de pasantías laborales a que refieren los artículos anteriores, así como también, las modalidades de pasantías no remuneradas que considere conveniente establecer.

Ley N° 17.296, del 21 de febrero de 2001
Apruébase el Presupuesto Nacional para el actual período de gobierno

Artículo 620. No podrán contratarse becarios y pasantes sin previa autorización expresa del Poder Ejecutivo.

Los créditos asignados para tales contrataciones serán limitativos no pudiendo aumentarse por medio de transposiciones ni refuerzos.

En el crédito autorizado se consideran comprendidos el sueldo anual complementario y las cargas legales.

Artículo 621. El Poder Ejecutivo reglamentará el régimen de contrato de beca y pasantía, en especial lo relativo a los perfiles apropiados de formación para la función, criterios de selección, de remuneración y ajuste, derechos y obligaciones y plazo.

Artículo 622. Para la contratación de pasantes y becarios, se dará preferencia a los estudiantes universitarios o del Consejo de Educación Técnico-Profesional de la Administración Nacional de Educación Pública (ANEP) o del Centro de Capacitación y Producción (CECAP). La calidad de estudiante se acreditará con la certificación por parte de un instituto oficial, habilitado o autorizado, de haber aprobado por lo menos una materia en el año anterior a la suscripción del contrato de beca o pasantía.

La convocatoria se hará por llamado público, teniendo en cuenta para su elección la escolaridad mínima exigible y el grado de avance en la carrera. A igualdad de condiciones de los postulantes, la selección se realizará por sorteo ante escribano público.

Artículo 623. La extensión máxima de los contratos de beca y pasantía que se otorguen en adelante será de doce meses incluida la licencia anual, prorrogables por hasta otro año más.

La remuneración para este tipo de contratos no superará los cuatro salarios mínimos nacionales por un régimen máximo de ocho horas diarias de labor. En caso de pactarse un régimen horario inferior, la remuneración se proporcionará al mismo.

Artículo 624. Los becarios y pasantes sólo tendrán derecho a una licencia por hasta treinta días hábiles anuales por estudio, que se prorrateará al período de la beca y pasantía si fuera inferior al año, de licencia médica debidamente comprobada, de licencia maternal y de licencia anual. Será causal de rescisión del contrato haber incurrido en cinco o más faltas injustificadas por año.

Artículo 625. El haber sido contratado bajo el régimen de beca y pasantía inhabilita a la persona a ser contratado bajo este régimen en la misma oficina o en cualquier otro órgano y organismo del Estado (Poder Ejecutivo, Poder Legislativo, Poder Judicial, Organos y Organismos de los artículos 220 y 221 de la Constitución de la República y Gobiernos Departamentales).

La unidad ejecutora contratante, previo a la suscripción del contrato, deberá consultar a la Oficina Nacional del Servicio Civil si el aspirante ha sido contratado en estas modalidades.

Toda extensión de la relación contractual que exceda lo dispuesto por esta norma, dará lugar a la responsabilidad patrimonial del jerarca de la unidad ejecutora que lo haya contratado y de quien, estando encargado en la Oficina Nacional del Servicio Civil de verificar la no reiteración de estos contratos, no informó tal circunstancia (artículo 25 de la Constitución de la República). El Poder Ejecutivo reglamentará el presente inciso en un plazo máximo de noventa días.

Artículo 626. La Oficina Nacional del Servicio Civil deberá mantener un registro actualizado con la información de los contratos de beca y pasantía.

Los jerarcas de las unidades ejecutoras solicitarán, en forma previa a la suscripción del contrato, información respecto a si el postulante no fue contratado como pasante o becario.

Suscrito el contrato de beca y pasantía deberán comunicarlo en un plazo de diez días.

Dentro del plazo de treinta días a partir de la vigencia de la presente ley, los jerarcas deberán comunicar los contratos de beca y pasantía vigentes y suscritos con anterioridad.

Artículo 627. Los becarios y pasantes, para cobrar sus haberes, deberán acreditar el haber inscripto su contrato en la Oficina Nacional del Servicio Civil, dentro de un plazo perentorio de ciento ochenta días a partir de la vigencia de la presente ley.

Decreto N° 318/998 del 4 de noviembre de 1998.
Reglaméntase la Ley 16.873 que establecía requisitos y otorgaba beneficios a empresas que incorporaran jóvenes en diferentes modalidades contractuales.

CAPITULO I.
DISPOSICIONES GENERALES

Artículo 1°. A efectos de acogerse a la ley que se reglamenta, las empresas deberán comparecer ante la Inspección General del Trabajo y de la Seguridad Social del Ministerio de Trabajo y Seguridad Social, conforme a lo que se dispondrá en los artículos siguientes.

Artículo 2°. A los solos efectos de solicitar la inscripción del contrato, se entenderá que la empresa está en situación regular de pagos cuando cuente con el certificado único vigente.

Artículo 3°. En cuanto a la situación regular de pagos con las contribuciones especiales de la seguridad social, el no envío al seguro de desempleo del personal permanente que realice iguales o similares tareas a las del joven que se va a contratar y que la empresa tenga por lo menos un año de actividad en el país, se estará a la declaración Jurada realizada por la empresa ante la Inspección General del Trabajo y de la Seguridad Social.

Artículo 4°. La inexistencia de despidos de personal permanente que realice iguales o similares tareas a las que el joven contratado vaya a realizar en el establecimiento, en el término de sesenta días previos a dicha contratación, se acreditará mediante declaración jurada ante la Inspección General del Trabajo y de la Seguridad Social.

Artículo 5°. Se considerarán tareas similares aquellas que podría haber desarrollado, dentro de su categoría laboral, el trabajador que fue despedido o enviado al seguro de desempleo.

Artículo 6°. Las empresas que no cuenten con un año de actividad en el país y que acrediten la voluntad de establecerse en el territorio nacional, mediante razones fundadas, podrán ser autorizadas por el Ministerio de Trabajo y Seguridad Social a ampararse a los beneficios de la Ley que se reglamenta. En consecuencia, el Ministerio de Trabajo y Seguridad Social evaluará los fundamentos y resolverá.

Artículo 7°. De acuerdo a lo dispuesto en el literal D del Art. 11 de la Ley N1 16.873 de 3 de octubre de 1997 el porcentaje de contratados dentro de la plantilla permanente de la empresa se apreciará al momento de la solicitud de la inscripción en el Registro. El porcentaje se acreditará mediante la exhibición de la planilla de control de trabajo, sin perjuicio de lo establecido por el Art. 31 de la Ley No 16.873 de 3 de octubre de 1997, que se reglamenta.

Artículo 8°. La inscripción de los contratos en el registro de la Inspección General del Trabajo y de la Seguridad Social se efectuará una vez que se presente el respectivo contrato escrito así como los recaudos correspondientes de acuerdo a lo anteriormente expuesto.

Artículo 9°. Los jóvenes contratados deberán ser registrados al inicio de la relación laboral en los organismos de seguridad social, de acuerdo a las normas vigentes, así como en el Banco de Seguros del Estado.

Artículo 10. A los efectos de dar cumplimiento a lo dispuesto en el art. 31 de la ley que se reglamenta se recabará información de la Administración Nacional de Educación Pública (ANEP), del Instituto Nacional del Menor (INAME) y de todas aquellas instituciones que se consideren necesarias.

Artículo 11. La Inspección General del Trabajo y de la Seguridad Social suministrará los modelos de las distintas modalidades contractuales, a ser considerados por las partes contratantes para su registración.

CAPITULO II.
CONTRATO DE PRACTICA LABORAL

Artículo 12. En el contrato de Práctica Laboral se entiende por primer empleo, la experiencia a adquirir por los jóvenes durante la práctica a realizar en un tiempo no superior a doce meses en virtud de la titulación que posean

Ninguna empresa podrá renovar el contrato bajo esta modalidad contractual.

Sin perjuicio de lo expuesto en el inciso anterior, el joven practicante podrá ser contratado por distintas empresas hasta completar el período máximo establecido por ley.

Artículo 13. Las partes podrán acordar un período de prueba no superior a la sexta parte del plazo estipulado en el contrato, de acuerdo a lo previsto en el art. 5 de la ley, el cual será contado como parte del plazo máximo previsto.

Artículo 14. A los efectos de lo dispuesto en el art. 7 de la ley, se considerará que el joven trabajador ha acreditado fehacientemente ante la empresa; haber egresado de las Universidades, centros públicos o privados de formación docente, de enseñanza técnica, comercial agraria o de servicios, con la exhibición del diploma o certificado según corresponda, dejándose constancia del mismo.

Artículo 15. A los efectos del art. 7 de la ley según corresponda, se entiende por habilitación:

a) Cuando se cumpla con los requisitos previstos en el Decreto 308/95 de fecha 11 de agosto de 1995 y sus modificativos;

b) Cuando se cumpla con los requisitos estipulados por las disposiciones reglamentarias dispuestas por la A.N.E.P. - Consejo de Educación Técnico Profesional;

c) Cuando se cumpla con los requisitos de calificación previstos en el Registro de Entidades de Capacitación existente en la Dirección Nacional de Empleo. En consecuencia, la Dirección Nacional de Empleo deberá determinar específicamente para este caso, los requisitos que deberán cumplir las Instituciones y Cursos de Formación Técnico Profesional.

CAPITULO III
CONTRATO DE BECAS DE TRABAJO

Artículo 16. A los efectos del presente decreto, se entiende por jóvenes provenientes de sectores sociales de bajos ingresos, aquellos que pertenecen a hogares cuyo ingreso mensual no supere el equivalente a 30 U.R. (treinta Unidades Reajustables)

Sin perjuicio de lo anteriormente expuesto, las Instituciones comprendidas en el marco de esta modalidad contractual, podrán identificar en forma más adecuada los beneficiarios, con datos complementarios sobre su nivel educativo, la situación ocupacional del jefe de hogar, sus condiciones habitacionales y la composición del grupo familiar.

Artículo 17. Para implementar las Becas de Trabajo se considerará una adecuada primera experiencia laboral aquella que posibilite al joven la adquisición o el desarrollo de actitudes y hábitos de trabajo que le permitan mejorar sus posibilidades de empleabilidad futura.

Artículo 18. Se consideran organizaciones no gubernamentales a las organizaciones privadas con personería jurídica que realizan actividades de promoción social, investigación, capacitación y asistencia social.

Artículo 19. En este caso las autorizaciones que otorguen ANEP, INAME e Instituto Nacional de la Juventud (INJU) a organizaciones no gubernamentales deberán ser por escrito.

Artículo 20. Las Becas de Trabajo deberán pactarse por escrito entre las empresas y las instituciones comprendidas en el marco de esta modalidad contractual, de acuerdo a lo anteriormente expuesto.

Artículo 21. Las partes podrán acordar un período de prueba no superior a la sexta parte del plazo estipulado en el contrato, de acuerdo a lo previsto en art. 12 de la ley, el cual será contado como parte del plazo máximo previsto.

Artículo 22. Las Instituciones comprendidas en el marco de esta modalidad, tendrán la facultad de supervisar en la empresa, que el desarrollo de las Becas de Trabajo cumpla con los objetivos propuestos. En el contrato que celebren las instituciones con las empresas se podrá acordar la forma en que dicha supervisión se llevará a cabo.

CAPITULO IV.
CONTRATO DE APRENDIZAJE

Artículo 23. Por oficio o profesión se entiende aquel conjunto de conocimientos, habilidades y destrezas relativas a una actividad en particular o a un sector de actividad en su conjunto comprensivo de aptitudes de más de un arte específico.

Artículo 24. De acuerdo a lo dispuesto en los arts. 15 y 16 de la ley, el contenido mínimo obligatorio del contrato de aprendizaje deberá responder al contrato tipo que a estos efectos elabore la Inspección General del Trabajo y de la Seguridad Social.

Artículo 25. De acuerdo a lo dispuesto en el art. 16 de la ley, previo al inicio del vínculo contractual, la Junta Nacional de Empleo deberá autorizar aquellos contratos de aprendizaje dirigidos por instituciones de formación técnico - profesional privadas, siempre que estén inscriptas y calificadas en el Registro de Entidades de Capacitación de la Dirección Nacional de Empleo.

Quedan exceptuados de lo anteriormente expuesto, aquellos casos de contratos de aprendizaje dirigidos por instituciones de formación técnico - profesional públicas y privadas que tengan participación pública en su dirección o que se encuentren bajo supervisión de instituciones públicas.

Artículo 26. A los efectos de la autorización prevista en el artículo anterior, la Junta Nacional de Empleo deberá expedirse en un plazo máximo de diez días hábiles.

Artículo 27. El contrato deberá indicar expresamente si la remuneración a percibir por el aprendiz comprende o no las horas o jornadas de aprendizaje teórico.

Artículo 28. Durante las horas o jornadas de aprendizaje teórico el aprendiz estará cubierto contra riesgos profesionales. En consecuencia, el contrato deberá indicar expresamente si dicha cobertura será brindada por el seguro contratado por la empresa o por la institución de formación técnico-profesional.

CAPITULO V
CONTRATO DE APRENDIZAJE SIMPLE

Artículo 29. El Contrato de Aprendizaje simple en todos los casos deberá incluir un Plan de Aprendizaje, a través del cual se especifique la capacitación que se impartirá, la especialización técnico profesional o idoneidad del instructor según corresponda y el lugar y las facilidades a otorgar al aprendiz para la formación.

Artículo 30. El plan de aprendizaje referido en el artículo anterior deberá ser autorizado por la Junta Nacional de Empleo, quien tendrá además a su cargo el seguimiento y evaluación del mismo

Artículo 31. A los efectos de la autorización prevista en el artículo anterior, la Junta Nacional de Empleo deberá expedirse en un plazo máximo de quince días hábiles.

Artículo 32 . Para el diseño del plan de aprendizaje, las empresas podrán recibir asesoramiento de las entidades de capacitación públicas o privadas inscriptas y calificadas en el Registro de Entidades de Capacitación de la Dirección Nacional de Empleo.

Artículo 33. Los jóvenes contratados bajo esta modalidad, se beneficiarán de la misma por única vez.

Artículo 34. Las partes podrán acordar un período de prueba no superior a la sexta parte del plazo estipulado en el contrato, de acuerdo a lo previsto en el Art. 25 de la ley, el cual será contado como parte del plazo máximo previsto.

Artículo 35. Los jóvenes contratados bajo esta modalidad, deberán declarar en el contrato, que no realizan al momento de la celebración del mismo, estudios en organismos públicos o privados que tengan que ver con el aprendizaje a desarrollar, ni que posean titulación al respecto.

Artículo 36. Culminado el contrato, los empleadores deberán expedir una constancia que acredite la experiencia adquirida por el joven, así como su asistencia, comportamiento y adaptación al trabajo.

CAPITULO VI.
DISPOSICIONES FINALES

Artículo 37. El incumplimiento de cualquiera de los requisitos exigidos en el Art. 1, de la ley, y 3° y 4° del presente Decreto Reglamentario, durante el transcurso de los contratos registrados, implicará la pérdida de todos los beneficios otorgados por la misma, generándose la obligación de reintegrar los aportes así como las sanciones tributarias correspondientes, a partir del momento en que se verifique el incumplimiento.

Lo anteriormente expuesto es sin perjuicio de lo previsto en los Artículos 32 y 34 de la ley que se reglamenta, así como de las sanciones que por defraudación establece el Código Tributario.

Artículo 38. En caso de rescisión del contrato, el empleador deberá comparecer ante la Inspección General del Trabajo y de la Seguridad Social, en un plazo de cinco días hábiles a efectos de comunicar dicha situación y el motivo de la misma. La no-comparecencia implicará la presunción de rescisión unilateral.

Si se probara ante la Inspección General del Trabajo y de la Seguridad Social que se configuró la notoria mala conducta del trabajador, el empleador no deberá efectuar los reintegros de aportes exonerados oportunamente. El procedimiento para evaluar si corresponde o no el reintegro de los aportes exonerados, será el previsto en el Decreto 680/

77 de 6 de diciembre de 1977 y el Decreto 500/91 de 27 de setiembre de 1991. En caso contrario, la Inspección General del Trabajo y de la Seguridad Social comunicará al Banco de Previsión Social que se ha configurado la situación prevista en el Art. 26 Inc. 3ro. de la Ley N1 16.873 de 3 de octubre de 1997, debiéndose reintegrar solamente al Banco de Previsión Social la totalidad de aportes que fueron objeto de exoneración,

Artículo 39. En caso de rescisión unilateral por parte del empleador, sin que mediare notoria mala conducta, el joven podrá celebrar con otro empleador un nuevo contrato, el que no podrá exceder el plazo pactado, descontando el tiempo transcurrido en el contrato anterior.

Artículo 40. Sin perjuicio de lo dispuesto en el Art. 30 de la Ley que se reglamenta el empleador deberá abonar los rubros salariales pendientes generados durante la relación laboral.

Artículo 41. En cualquiera de las modalidades previstas por la Ley No. 16.873 no se podrá contratar jóvenes en calidad de destajistas.

Artículo 42. A todos los efectos de la Ley No. 16.873 de 3 de octubre de 1997 créase el Registro de Contratos de Formación e Inserción Laboral para Jóvenes, en la órbita de la Inspección General del Trabajo y de la Seguridad Social el que tendrá como cometido la inscripción de los contratos celebrados bajo cualquiera de las modalidades previstas por la ley y realizar el control de legalidad de los mismos.

Artículo 43. En caso de rescisión del contrato por voluntad del joven contratado, así como durante el período de prueba, el empleador, no deberá reintegrar los aportes oportunamente exonerados.

Artículo 44. Los jóvenes no podrán beneficiarse por mas de una de las modalidades contractuales previstas en la ley 16.873.

Artículo 45. El joven contratado a través de cualquiera de las modalidades previstas por la ley que se reglamenta tendrá derecho a presentar una denuncia ante la Inspección General del Trabajo y de la Seguridad Social, en caso de que la empresa o el instituto de formación técnico - profesional no cumplan con las obligaciones establecidas en el contrato.

Decreto N° 211/993 del 12 de mayo de 1993

Capítulo I
ORIENTACIÓN LABORAL

Artículo 1°. A los efectos de la presente reglamentación, se entiende por orientación laboral la entrega de información que facilite la elección de una profesión, actividad u ocupación en relación a la evolución del mercado de trabajo, así como la relacionada con los estudios que permitan lograr una adecuada capacitación o formación y de las entidades encargadas de proporcionarla .

Artículo 2°. Dicha orientación laboral tendrá como cometidos:

A - Identificar los niveles de calificación de las personas que buscan empleo o deseen mejorar sus condiciones actuales de trabajo.

B - Informar y orientar a los trabajadores sobre las oportunidades del mercado laboral, especialmente en los siguientes aspectos:

1. Las profesiones, oficios u ocupaciones que existan en el mercado laboral y que puedan ser elegidas considerando tanto sus propias características como las del medio socio-laboral en que se desarrolle.

2. Las aptitudes, destrezas y habilidades que requiere una determinada ocupación para un desempeño laboral adecuado.

3. Las acciones o cursos de capacitación que puedan seguirse para lograr un desempeño apropiado a las exigencias del mercado laboral y las entidades que los imparten.

4. Los salarios promedios percibidos por los trabajadores de diferente calificación en diversas ocupaciones o profesiones.

Artículo 3°. Le corresponderá a la Dirección Nacional de Empleo realizar acciones de orientación laboral a través de sus oficinas regionales, coordinando con los organismos nacionales, municipales o locales que ejecuten actividades afines.

Capítulo II
DE LA RECAPACITACIÓN LABORAL
Sección I - Conceptos Generales

Artículo 4°. Se entiende, a los efectos de este reglamento, por recapacitación laboral, el proceso a través del cual se pretende reincorporar a un trabajador al mercado laboral, cuando teniendo una especialidad que usa en su trabajo, por diversas razones se ve impedido de aplicarla, siendo necesario para su reinserción cambiar o complementar dicha especialidad.

El objetivo de los programas de reconversión será, principalmente, alcanzar el desarrollo de nuevas capacidades para el empleo y perfeccionar aquellas con que cuente el trabajador.

Artículo 5°. Los programas de reconversión laboral comprenderán aquellas actividades de instrucción, que persigan una adecuada preparación para el desempeño de un trabajo, actividad u oficio y deberán tener objetivos de aprendizaje evaluables, en función de contenidos ocupacionales seleccionados y jerarquizados, acompañadas por el uso de técnicas metodológicas adecuadas.

Artículo 6°. La Junta Nacional de Empleo, atendiendo a las diversas necesidades de recapacitación de los trabajadores, podrá seleccionar los cursos existentes ofrecidos por las entidades capacitadoras, o requerir de éstas la realización de cursos específicos que se adecuen a los objetivos de recapacitación perseguidos.

Artículo 7°. El trabajador que sin causa justificada abandone el curso o no alcance en el mismo el mínimo de asistencia establecido por la entidad capacitadora, perderá todo beneficio y para su reingreso al sistema requerirá resolución unánime de la Junta.

Sección II - De los beneficiarios

Artículo 8°. Serán beneficiarios de las prestaciones establecidas en el art. 327 de la Ley 16.320, los trabajadores desocupados en forma total o parcial, que a la fecha de entrada en vigencia del presente decreto estén amparados a la Ley 15.180 del 20 de agosto de 1981, y que: a) requieran una recapacitación; b) hayan sido seleccionados por la Junta Nacional de Empleo para acceder a un programa de recapacitación; c) asistan a los cursos de formación profesional que les fueran adjudicados.

Artículo 9°. Para ser aspirante al sistema de recapacitación, los trabajadores descriptos en el artículo anterior deberán presentar ante las oficinas de la Dirección Nacional de Empleo, la siguiente información:

a) datos personales,

b) empresa a la que pertenece o pertenecía y rama de actividad;

c) causal de la suspensión o del despido,

d) antecedentes laborales (categoría , ingreso , tipo de contratación , etc .),

e) perfil educativo,

f) historia ocupacional,

g) recibo de pago de la Dirección de los Seguro de Desempleo.

Artículo 10°. Todo aquel que proporcione datos falsos, o que por otro medio fraudulento simulare su situación real, perderá los derechos de ingreso al sistema y el goce de los beneficios que estuviere percibiendo, sin perjuicio de las sanciones penales que pudieran corresponderle y no podrá volver a solicitar su reingreso al mismo.

Artículo 11. Los programas que diseñe la Junta Nacional de Empleo, atenderán preferentemente a los trabajadores desocupados como consecuencia de la incorporación de nuevas tecnologías u otros procesos de reconversión.

Artículo 12. Para la admisión al sistema de recapacitación laboral, se llevará a cabo una entrevista personal del aspirante luego de la cual, se realizará una evaluación a los efectos de determinar si en necesaria su recapacitación.

Artículo 13. Diagnosticada su necesidad de recapacitación, los aspirantes serán precalificados con el objeto de determinar cuáles accederán directamente al programa y cuáles requerirán un informe posterior. En el primer caso se determinarán cuáles serán los cursos que deberían realizar teniendo en cuenta las exigencias del mercado de trabajo.

En el segundo caso dicho informe será efectuado por la Dirección Nacional de Empleo y elevado a la Junta para su resolución. Esta precalificación tiene como finalidad permitir que los trabajadores inscriptos con mayores necesidades socio-económicas y dificultades de reinserción laboral, accedan en forma inmediata al programa.

Artículo 14. Aquellos casos en los cuales no se aconseje la recapacitación, serán estudiados por la Junta, quien resolverá en definitiva.

Artículo 15. La Dirección llevará la nómina de trabajadores desocupados que aspiren a ser beneficiarios del sistema, manteniendo informada a la Junta acerca del número de trabajadores registrados, aspirantes y beneficiarios, para ser tenida en cuenta en la planificación de la adjudicación del subsidio y de los cursos.

Artículo 16. Los trabajadores podrán reingresar al sistema luego de 5 años de comenzada su primera recapacitación, o en casos especiales cuando la Junta se expida en forma unánime.

En caso de cambios tecnológicos acelerados, la Junta Nacional de Empleo podrá sugerir al Poder Ejecutivo la reducción del plazo previsto en el inciso anterior.

Artículo 17. El trabajador deberá acudir a las entrevistas que se dispongan, previa notificación en debida forma. En caso de no concurrencia, se reiterará la citación bajo apercibimiento de ser eliminado de la nómina de aspirantes, salvo causa de fuerza mayor justificada.

Artículo 18. Cuando una empresa tome a un trabajador recapacitado, en régimen de exoneración previsto en la ley que se reglamenta, no podrá despedirlo dentro de los primeros seis meses de trabajo, salvo notoria mala conducta. Esta contratación deberá registrarse en el Libro Único de Trabajo, dejando constancia del período de prueba, que no podrá exceder de 15 días.

Se entiende autorizado, el período de prueba, mediante el asiento en el Libro Único de Trabajo.

Artículo 19. En el caso de que el personal recapacitado sea reincorporado por la misma empresa, ésta reembolsará al Fondo de Reconversión Laboral, los gastos de recapacitación. A tales efectos, la Empresa o el trabajador deberán comunicar a la Junta Nacional de Empleo la fecha de la reincorporación. Una vez que la Junta Nacional de Empleo le notifique el costo de la recapacitación, la empresa contará con un plazo de sesenta días para depositar en la cuenta del Banco Hipotecario del Uruguay el importe que corresponda y acreditar su pago ante la Junta Nacional de Empleo.

Artículo 20. Cuando las empresas prevean el envío de personal al Seguro por Desempleo, por las causales establecidas en el Art. 332 de la Ley 16.320, con una antelación de treinta días a la desocupación forzosa , presentarán ante la Junta Nacional de Empleo, programas de reconversión productiva y recapacitación laboral .

En tal caso se priorizarán en lo posible aquellos programas que hayan sido acordados con los trabajadores, concediéndose los beneficios que otorga el sistema con carácter de urgente.

Sección III - Procedimiento de adjudicación de cursos

Artículo 21. La Junta seleccionará a las entidades capacitadoras que ofrezcan mejores condiciones para el logro de los objetivos propuestos en el programa de la recapacitación laboral, en especial en lo que tenga relación con las metas del curso, infraestructura, tecnología aplicada y nivel de calificación de los instructores. La ejecución de los programas se realizará mediante un contrato a formalizarse entre la Dirección Nacional de Empleo y las entidades previamente seleccionadas.

Artículo 22. La elaboración de las bases de los llamados, así como toda otra actividad relacionada con los cursos , su supervisión y el seguimiento estará a cargo de la Junta Nacional de Empleo , para lo cual la Dirección Nacional de Empleo suministrará los recursos humanos y materiales necesarios .

Sección IV - De las entidades capacitadoras

Artículo 23. Se entiende como capacitadores, a los efectos de la presente reglamentación, a las entidades públicas o privadas, nacionales o extranjeras que acrediten solvencia para impartir capacitación a través de acciones o cursos.

Artículo 24. Dichas entidades deberán poseer los siguientes requisitos para ser seleccionadas:

a) Contar con personería jurídica.

b) Acreditar, por medio de sus estatutos, que la capacitación o formación profesional, son parte de sus objetivos.

c) Acreditar que se dispone de la infraestructura necesaria para el adecuado desarrollo de sus actividades o cursos, en especial de los recursos materiales y humanos idóneos .

No obstante, la Junta Nacional de Empleo, en casos calificados, podrá, por resolución fundada, eximir de algunos de los requisitos contemplados en los literales anteriores a las entidades que impartan actividades de capacitación.

Artículo 25. La Dirección Nacional de Empleo llevará un registro de las entidades capacitadoras. A tales efectos, dichas entidades deberán proporcionar oportunamente la información que se les requiera.

Artículo 26. Las entidades capacitadoras, a los efectos de su registro, deberán presentar en sus propuestas los siguientes elementos:

a) Nombre, objetivos y contenidos de las actividades de capacitación que se proponen.

b) Metodología a emplear en los cursos.

c) Infraestructura física, materiales y equipos a utilizar en el proceso de instrucción.

d) Aptitudes y condiciones de ingreso de los participantes .

e) Antecedentes sobre idoneidad y competencia de los instructores.

f) Número de participantes por curso.

g) Número total de horas por curso y, de corresponder, su distribución en horas teóricas y prácticas.

h) Requisitos de aprobación.

i) Presupuesto detallado del costo de la actividad .

j) Toda otra información que la Junta Nacional de Empleo considere conveniente solicitar.

Artículo 27. La Dirección Nacional de Empleo, previo dictamen de la Junta, eliminará del Registro a la entidad capacitadora que incurra en las siguientes infracciones:

a) Cuando dejare de cumplir con los requisitos por cuyo mérito se le otorgó la inscripción.

b) Por incumplimiento de las normas de la presente reglamentación.

Artículo 28. En los casos de incumplimientos previstos en el artículo anterior, la Dirección Nacional de Empleo rescindirá el contrato y no se podrá reclamar el pago de los cursos en ejecución.

Capítulo III
BENEFICIO EXTRAORDINARIO

Artículo 29. Por el plazo que dure la recapacitación, el trabajador percibirá una prestación adicional a la establecida por el artículo 6º del Decreto-ley Nº 15.180. Dicho beneficio tendrá naturaleza de beca y estará exonerado de los aportes a la Seguridad Social y de Impuesto a las Retribuciones Personales.

Dicha prestación se fijará en un porcentaje del monto mensual del subsidio por desempleo, determinado por la Junta Nacional de Empleo en forma unánime, atendiendo a las condiciones establecidas en el art. 327 lit. b) de la Ley 16.320.

Artículo 30. Para la determinación del porcentaje se tendrá en cuenta:

a) la cantidad de trabajadores a recapacitar en ese momento y el cálculo actuarial de la demanda futura,

b) la disponibilidad del Fondo de Reconversión Laboral.

Artículo 31. Para propender a un tratamiento igualitario a los beneficiarios del sistema en el otorgamiento del subsidio, la Junta deberá crear y mantener un Fondo de Reserva para atender demandas futuras o un crecimiento eventual de éstas, excluyéndose el 5% establecido en el art. 324 lit. i) de la ley que se reglamenta.

La fijación del monto afectado al Fondo de Reserva estará a cargo de la Junta, la que decidirá en forma unánime.

Artículo 32. La beca será percibida por el beneficiario mientras dure la recapacitación, aún cuando haya vencido el amparo al Seguro por Desempleo.

Artículo 33. La beca se abonará mensualmente en la Dirección Nacional de Empleo, contra la presentación por parte del trabajador de un certificado de asistencia regular al curso respectivo.

Artículo 34. Los capacitadores están obligados a expedir al trabajador constancia de asistencia a los cursos.

Capítulo IV
LA JUNTA NACIONAL DE EMPLEO

Artículo 35. La Junta Nacional de Empleo se integrará por tres miembros y será presidida por el Director Nacional de Empleo.

La organización sindical más representativa y el sector patronal, propondrán al Poder Ejecutivo para la designación de sus representantes, un titular y dos alternos para los casos de acefalía o suplencia.

Artículo 36. La Junta Nacional de Empleo fijará su régimen de sesiones.

Artículo 37. El Ministerio de Trabajo y Seguridad Social, proporcionará la infraestructura y los funcionarios necesarios para el cumplimiento de sus funciones.

Artículo 38. Las resoluciones de la Junta Nacional de Empleo se adoptarán por mayorías, a excepción de aquellas que:

a) impliquen afectación de los recursos que administra,

b) la prevista en el penúltimo inciso del art. 327 de la ley 16.320

c) la establecida por el art. 326 inc. 2º.

Capítulo V
DISPOSICIONES GENERALES

Artículo 39. Delégase en el Ministerio de Trabajo y Seguridad Social la suscripción de contratos de préstamo o donación de organizaciones nacionales e internacionales, con destino al Fondo de Reconversión Laboral . Esta autorización no podrá a su vez ser objeto de subdelegación.

Artículo 40. Los empleadores que tomen personal del sistema de reconversión laboral, estarán exonerados durante los primeros noventa días de la relación laboral de abonar los aportes patronales correspondientes y deberán verter el equivalente al 50% del monto exonerado al Fondo de Reconversión Laboral.

A tales efectos, las empresas verterán dicho monto en la cuenta correspondiente en el Banco Hipotecario del Uruguay dentro de los 120 días siguientes a contar de la fecha de ingreso a la empresa del trabajador recapacitado.

Artículo 41. La Dirección Nacional emitirá a las empresas los certificados correspondientes para proceder a la exoneración.

Capítulo VI
DE LAS INFRACCIONES

Articulo 42. Las infracciones de las empresas a lo dispuesto en el presente decreto y a la ley que se reglamenta , se sancionarán de acuerdo con el régimen establecido por el art. 289 de la Ley 15.903 del 10 de noviembre de 1987 .

Las sanciones serán impuestas por la Dirección Nacional de Empleo, previo asesoramiento de la Junta Nacional de Empleo.

Decreto N° 344/001, del 28 de agosto de 2001. Reglamentario de los artículos 620 y siguientes de la ley N° 17.296. Contratos de beca y pasantía

Artículo 1. Los organismos comprendidos en los Incisos 02 al 15 del Presupuesto Nacional previo a la suscripción de los contratos de beca y pasantía previstos en los artículos 620 y siguientes de la Ley N° 17.296 de 21 de febrero de 2001 deberán recabar en forma preceptiva la autorización del Poder Ejecutivo.

Los créditos asignados para tales contrataciones serán limitativos no pudiendo aumentarse por medio de trasposiciones ni refuerzos.

En el crédito autorizado se considerarán comprendidos el sueldo anual complementario y las cargas legales.

Los contratos de beca o pasantía suscritos con anterioridad a la aplicación de la Ley N° 17.296 de 21 de febrero de 2001, así como sus respectivas prórrogas, continuarán rigiéndose por los convenios oportunamente celebrados.

Artículo 2. En los contratos de becas y pasantías, la Administración dará preferencia a los estudiantes universitarios o del Consejo de Educación Técnico Profesional de la Administración Nacional de Educación Pública (ANEP) o del Centro de Capacitación y Producción (CECAP) del Ministerio de Educación y Cultura (MEC), otorgando a los estudiantes de dichos centros educativos Un puntaje básico del 20% del total asignado en las bases del llamado.

Artículo 3. La convocatoria para la contratación de pasantes y becarios se hará por llamado público que deberá publicarse en el Diario Oficial, en un diario de circulación nacional y en el sitio WEB de cada organismo.

Los Jerarcas de los respectivos organismos establecerán, previo al llamado los perfiles apropiados de formación para la función que deberán cumplir.

Será responsabilidad del organismo contratante la instrumentación del llamado, inscripción, contralor previo de los requisitos documentales de carácter legal contenidos en el artículo 622 de la Ley N° 17.296 de 21 de febrero de 2001, selección y eventualmente el sorteo.

La Oficina Nacional del Servicio Civil, a requerimiento del Organismo, podrá asesorar en todo aquello que le fuere solicitado.

Artículo 4. El postulante deberá acreditar ante el organismo que realiza el llamado, su calidad de estudiante, nivel de estudio alcanzado y exámenes rendidos, mediante certificado expedido por el instituto correspondiente, debiendo haber aprobado por lo menos un examen en el año anterior a la fecha de inscripción.

Artículo 5. El proceso de selección deberá asegurar la existencia de una adecuada correlación entre las tareas a desempeñar por el postulante y la idoneidad técnica acreditada por el mismo.

A tales efectos la Administración deberá puntuar, entre otros factores directamente vinculados con las actividades o tareas a desempeñar, la regularidad en los estudios y calificación promedio de su actuación curricular.

Cuando dos o más postulantes hayan obtenido igual puntuación en el proceso de selección, el organismo de que se trate deberá proceder al sorteo entre ellos ante Escribano Público y siempre que el número de contratos previsto en el llamado sea inferior al de postulantes igualados en el primer lugar del orden de prelación.

Artículo 6. El haber sido contratada bajo el régimen de beca y pasantía inhabilita a la persona a ser contratada baje este régimen en la misma oficina o en cualquier otro órgano y organismo del Estado (Poder Ejecutivo, Poder Legislativo, Organos y Organismos de los artículos 220 y 221 de la Constitución de la República y Gobiernos Departamentales) conforme lo dispuesto en el inciso 1º del articulo 625 de la ley que se reglamenta.

El organismo contratante previo a la suscripción del contrato deberá recabar el informe preceptivo de la Oficina Nacional del Servicio Civil, respecto a la habilitación del aspirante para contratar en dicha modalidad.

La inobservancia de lo dispuesto precedentemente dará lugar a las responsabilidades establecidas en el inciso 3º del artículo 11º de este Decreto.

Artículo 7. Una vez suscrito el contrato de beca o pasantía el organismo deberá comunicarlo en el término de diez días al Registro de Contratos de Becas y Pasantías en la Administración Pública.

Artículo 8. El régimen que se reglamenta no otorga la calidad de funcionario público al beneficiario, el contrato será a término, revocable por parte del organismo contratante y renovable por el término legal siempre que subsistan las necesidades del servicio que lo motivó y el rendimiento del beneficiario haya sido satisfactorio a criterio de la autoridad correspondiente.

Artículo 9. El usufructo de una beca e pasantía en la Administración Pública es incompatible con el desempeño de cualquier cargo público remunerado con excepción de los cargos docentes, de conformidad con lo establecido en el artículo 33 de la Ley Nº 11.923 de 27 de marzo de 1953.

Artículo 10. La remuneración de los contratos de beca y pasantía no superará los cuatro salarios mínimos nacionales por un régimen máximo de ocho horas diarias de labor. En caso de pactarse un régimen horario inferior, la remuneración se proporcionará al mismo.

El reajuste de dichas remuneraciones se hará en la misma oportunidad y forma que el de los funcionarios públicos del organismo contratante no pudiendo sobrepasar en ningún caso el límite previsto en el inciso precedente.

Artículo 11. Los contratos de Becas y Pasantías con personas que se inicien como pasantes o becarios a partir de la vigencia de la Ley Nº17.296 de 21 de febrero de 2001, no podrán exceder los doce meses de duración a partir de la fecha de suscripción, pudiendo ser prorrogables por hasta un año más, debiendo acreditar haber aprobado una materia en el año anterior al periodo de prórroga.

Los plazos inferiores al máximo establecido se pactarán de conformidad con las necesidades del organismo contratante.

Toda extensión de la relación contractual que exceda lo dispuesto en la norma legal que se reglamenta dará lugar, en caso de haber obrado con culpa grave a dolo, a la responsabilidad patrimonial del jerarca de la Unidad Ejecutora que lo haya contratado y del Director del Registro de Contrates de Becas y Pasantías en la Administración Pública de la Oficina Nacional del Servicio Civil, ello sin perjuicio de las sanciones administrativas que puedan corresponder.

Artículo 12. Sin perjuicio de lo dispuesto en el artículo 7º del presente Decreto, los becarios y pasantes que suscriban contrato a partir de Ia vigencia de la Ley Nº 17.296 de 21 de febrero de 2001, a los efectos del cobro de sus haberes, deberán acreditar la inscripción de su contrato en el Registro de Contratos de Becas y Pasantías en la Administración Pública a cargo de la Oficina Nacional del Servicio Civil, en un plazo máximo y perentorio de 90 días corridos a partir de la suscripción del mismo.

Artículo 13. El becario o pasante tendrá derecho a usufructuar una licencia ordinaria de veinte días hábiles por el año de contratación, la que se computará dentro de dicho periodo. Si el lapso del contrato fuere menor al año, aquella se prorrateará al período correspondiente.

Asimismo, tendrán derecho a licencia por estudios hasta un máximo de treinta días hábiles, anuales computables dentro del período del contrato y de acuerdo al criterio de prorrateo señalado precedentemente. El organismo contratante deberá exigir la acreditación del examen rendido.

A los efectos del otorgamiento de licencias por enfermedad los becarios o pasantes que por razones de salud no puedan concurrir a prestar funciones deberán dar aviso en el día al Jefe respectivo quien lo comunicará de inmediato al Servicio de Certificaciones Médicas correspondiente.

La licencia por maternidad se regulara de acuerdo a lo dispuesto en los artículos 24 y 25 de la Ley Nº 16.104 de 23 de enero de 1990.

Artículo 14. Será causal de rescisión del contrato de beca a pasantía haber incurrido en cinco o más faltas injustificadas en el año.

Artículo 15. Cométese a la Oficina Nacional del Servicio Civil la organización, administración y control del Registro de Contratos de Becas y Pasantías en la Administración Pública, el que mantendrá actualizada toda la información relativa a los contratos suscritos bajo dicha modalidad.

Artículo 16. Comuníquese, publíquese, etc.

Este libro
se terminó de imprimir en el
Departamento de Publicaciones de Cinterfor/OIT
en Montevideo, agosto de 2003

Hecho el depósito legal número 330.685/2003

www.ingramcontent.com/pod-product-compliance
Ingram Content Group UK Ltd.
Pitfield, Milton Keynes, MK11 3LW, UK
UKHW021826190726
13853UKWH00003B/1215